PHUKET

EN QUELQUES JOURS

Isabella Noble

Sommaire

Préparer son séjour 4

Wat Chalong (p. 99)

Explorer Phuket 29

Vaut le détour

Carnet pratique 147

Coups de projecteur

Bienvenue à Phuket

Phuket (ภูเก็ต) est *la* destination soleil en Thaïlande. Des collines couvertes de jungle luxuriante dominent des plages de sable blanc léchées par de somptueuses eaux turquoise où abondent les poissons arc-en-ciel. La plus grande île de Thaïlande est si variée qu'on n'en finit pas d'en faire le tour, en découvrant ses temples et ses villes empreintes de patrimoine local...

Long-tail boats, Ao Phang-Nga (p. 140)
BENNY MARTY/SHUTTERSTOCK ©

Les incontournables

SHUTTERSEED/SHUTTERSTOCK ©

Le Grand Bouddha

Un colosse recouvert d'albâtre de Birmanie, haut de 45 m. **p. 80**

NTYS20/SHUTTERSTOCK ©

Laem Phromthep

La spectaculaire pointe sud de Phuket. **p. 94**

Vieille ville de Phuket

Capitale culturelle de l'île et architecture sino-portugaise (photo ci-dessous). **p. 32**

GOWITHSTOCK/SHUTTERSTOCK ©

Laem Phanwa

Un cap tapissé de jungle sauvage et des plages paisibles. **p. 54**

YONGKIET JITWATTANATAM/SHUTTERSTOCK ©

THANAPHONG ARAVEEPORN/SHUTTERSTOCK ©

Les *hôrng* d'Ao Phang-Nga

Les imposants îlots calcaires du parc national d'Ao Phang-Nga. **p. 140**

MIKECPHOTO/SHUTTERSTOCK ©

Ko Phi Phi

Plages de sable blond et îlots calcaires recouverts de jungle. **p. 144**

Plongée aux îles Similan

Des sites parmi les plus beaux de Thaïlande. **p. 142**

PAP18888/SHUTTERSTOCK ©

Se restaurer

Restaurants de plage, cabanes en bambou, marchés noirs de monde, grills de rue et tables élégantes... Phuket est une fabuleuse destination culinaire, offrant à la fois une cuisine de rue bon marché et une gastronomie internationale raffinée, ainsi que des fruits de mer délicatement préparés. Ne manquez pas la cuisine peranakan locale, qui excelle à Phuket-ville.

Scène culinaire

Les établissements de Phuket servent des mets succulents et variés. Réservez tôt dans les restaurants haut de gamme.

Stands de rue Les savoureux classiques thaïlandais, partout et à toute heure.

Marchés Quantité de marchés offrent des repas savoureux et bon marché.

Restaurants de shophouses Espaces semi-ouverts proposant des classiques thaïlandais.

Restaurants De l'option tapageuse et bon marché à la table recherchée et expérimentale.

Cafés Boissons caféinées et repas de type brunch ; très présents à Phuket-ville.

Hôtels Les restaurants les plus raffinés de l'île sont souvent rattachés à des hôtels.

Petits budgets : $

Abdul's Roti Shop Pour manger des *roti* préparés en direct, à Phuket-ville. (p. 43)

Kopitiam by Wilai La cuisine parfumée du Sud dans une *shophouse* de la vieille ville. (p. 42)

Pad Thai Shop Un restaurant de *pàt tai* sans chichis, à Karon. (p. 78)

Lock Tien D'emblématiques plats de Phuket. (p. 42)

Mee Ton Poe Chaises en plastique et nouilles *hokkien* à Phuket-ville. (p. 46)

Meena Restaurant Des classiques tout simples, avec vue sur les plages du nord de Kamala. (p. 109)

Haut de gamme : $$$

Suay À Cherngtalay ou à Phuket-ville : les emblématiques créations fusion de Noi Tammasak. (p. 123) (p. 42)

Bampot Cuisine inventive de style européen et divins cocktails artisanaux (Cherngtalay). (p. 122)

Ta Khai Des standards de Phuket revisités avec art à Hat Tri-Trang. (p. 65)

Breeze Le cadre méconnu de la côte est et des plats

GEET THEERAWAT/SHUTTERSTOCK ©

d'inspiration européenne intégrant des produits locaux. (p. 130)

Acqua La cuisine italienne élaborée et contemporaine d'un chef sarde, au nord de Patong. (p. 65)

Boathouse Cuisine haut de gamme dans le plus élégant restaurant de Kata. (p. 88)

Tables thaïlandaises

Kopitiam by Wilai Une succulente cuisine du Sud dans une *shophouse* de Phuket-ville. (p. 42)

One Chun Des classiques de Phuket concoctés dans une évocatrice *shophouse* de la vieille ville. (p. 43)

Raya Favori établi de longue date, dans une maison sino-portugaise de Phuket-ville. (p. 46)

Tantitium Cadre design et spécialités de Phuket dans un édifice sino-portugais de Phuket-ville. (p. 45)

Pad Thai Shop La baraque de bord de route préférée de Karon, avec son fabuleux *pàt tai*. (p. 78)

Red Duck Des standards thaïlandais sans glutamate de sodium, servis dans une ruelle de Kata. (p. 88)

Expériences culinaires

Phuket Food Tours Balades gastronomiques dans Phuket-ville. (p. 40)

Blue Elephant Cooking School Préparer de délicieuses spécialités dans une demeure de Phuket-ville. (p. 40)

Boathouse Cooking Class Cours de cuisine raffinés dans le plus huppé des restaurants de Kata. (p. 87)

À savoir : catégories de prix

Les prix suivants valent pour un plat principal.

$ moins de 150 B

$$ 150-350 B

$$$ plus de 350 B

Bars et vie nocturne

Les visiteurs viennent surtout pour faire la fête, dans les cabanes de plage ornées de bois flotté, les bars raffinés, les boîtes de nuit bondées ou la débauche carnavalesque de Patong. Mais il ne s'agit pas seulement d'enchaîner les shots bon marché et les go-go bars : Kata recèle des bars cosy sur le sable, Ao Bang Thao d'élégants clubs de plage, et Phuket-ville est le haut lieu du café et des cocktails artisanaux.

Cocktails

Dibuk House Le lieu vedette de Phuket-ville en matière de cocktails maison. (p. 48)

Tantitium Des cocktails artisanaux concoctés avec art et imagination dans un magnifique cadre sino-portugais, à Phuket-ville. (p. 45)

Baba Nest Des cocktails classiques avec un point de vue sur le soleil couchant comme nulle part ailleurs à Phuket. (p. 55)

Club No 43 Un club lounge mystérieux à Phuket-ville, où l'on sert des cocktails ambitieux et inventifs. (p. 48)

Bampot Peut-être les meilleurs cocktails du nord de Phuket, dans un cadre chic et minimaliste. (p. 122)

Cafés

Shelter Coffee Un or noir récompensé et des en-cas de type brunch dans ce café arboré de Phuket-ville. (p. 48)

Bookhemian L'un des cafés les plus en vogue de l'île, dans Th Thalang, à Phuket-ville. (p. 48)

Project Artisan Un espace créatif à Cherngtalay avec cocktails, bières artisanales et sublimes petits-déjeuners à base de produits locaux. (p. 123)

Gallery Cafe Le populaire et inventif café arty du pâtissier Pinky propose des petits-déjeuners à emporter et plusieurs adresses sur l'île. (p. 124)

DouBrew Tout ce qu'il faut savoir sur le café servi avec art dans la plus jolie rue de Phuket-ville. (p. 49)

Clubs

Catch Beach Club L'endroit où il faut être vu sur la splendide Ao Bang Thao. (p. 121)

Illuzion Piste de danse bondée et innombrables bars à Patong, dans Th Bangla. (p. 70)

Timber Hut Pub-club à plusieurs niveaux de Phuket-ville, apprécié des expatriés comme des habitants. (p. 49)

XANA Beach Club Détente et cocktails dans les cabanes en journée ; mix qui déménagent à la nuit tombée, sur Ao Bang Thao. (p. 122)

SUVOROV_ALEX/SHUTTERSTOCK ©

Café del Mar Découvrez un parfum d'Ibiza dans le plus récent club de plage de Kamala. (p. 109)

LGBT+

Phuket Pride Week L'une des meilleures gay prides de l'Asie du Sud-Est, articulée autour de Patong. (p. 70)

Zag Club De fabuleuses soirées cabaret sont programmées quotidiennement dans le bar LGBT+ emblématique de Patong. (p. 70)

Boat Bar Le tout premier bar-club de Phuket, avec des soirées cabaret quotidiennes, à Patong. (p. 71)

My Way L'un des premiers bars gays de Patong, offrant une scintillante soirée cabaret. (p. 71)

Bars décontractés

Ska Bar Bar reggae décontracté tout au sud de Hat Kata Yai. (p. 90)

Art Space Cafe & Gallery Ce lieu accueillant et excentrique de Kata mêle breuvages, œuvres d'art, repas végétariens et tatouages. (p. 90)

After Beach Bar Surplombant Hat Kata Noi, ce bar-restaurant détendu vibre sur des tubes de Bob Marley. (p. 90)

Beach Bar Discret et luxueux bar à cocktails sur le front de mer de Hat Pansea. (p. 116)

NY Beach Republic Un bar lounge sur la plage qui anime les soirées de Hat Nai Yang. (p. 139)

Reggae Bar Le berceau des soirées rasta décontractées de Rawai. (p. 103)

Divertissements

Bebop Les meilleurs musiciens de jazz de l'île font étalage de leur talent dans ce bar sombre de Phuket-ville. (p. 51)

Phuket Simon Cabaret Ce cabaret fabuleusement excessif constitue l'expérience incontournable de Patong. (p. 72)

Galaxy Boxing Stadium Assistez à un match de *muay tai* (boxe thaïlandaise). (p. 72)

Tournée des bars et des stands d'en-cas de Patong Écumez les bars relativement bon enfant de Patong. (p. 58)

Plages

Près de 99% des 8,4 millions de visiteurs que Phuket accueille chaque année se ruent directement à la plage. Cela n'a rien de surprenant : plages clinquantes et urbanisées et coins de sable paradisiaques se succèdent sur 50 km le long de la côte. Partout, le sable blond est caressé par des eaux turquoise et cristallines, au bord d'une jungle luxuriante. Un grand nettoyage (p. 151) a été initié en 2014, réduisant le nombre de "rebuts" sur le sable.

Choisir sa plage

La plupart des visiteurs filent directement vers les pôles touristiques de la côte ouest – Hat Kata (p. 83), Hat Karon (p. 75) et Hat Patong (p. 57) –, de longues étendues de sable jalonnées de *resorts*, restaurants, bars, offrant tous les services imaginables. Pour une atmosphère plus intimiste, traquez les criques rocheuses près des petites routes côtières entre les plages principales, ou ralliez la côte ouest de Phuket, moins touristique, et les plages protégées du parc national de Sirinat (p. 136) : Hat Mai Khao (p. 135), Hat Nai Yang (p. 135) et Hat Nai Thon (p. 135). Pour du plus haut de gamme sans la foule, filez à Hat Surin (p. 111) et à Ao Bang Thao (p. 121). Au sud, Rawai offre une ambiance détendue et recèle la splendide Hat Nai Han (p. 97).

Détente

Hat Surin Stupéfiante plage sauvage de sable doré. (p. 113)

Hat Nai Han Ambiance décontractée et sable blond près de Rawai. (p. 97)

Hat Nai Thon Une plage tranquille avec de rares distractions. (p. 135)

Hat Pansea Idylliques couchers de soleil et sable couleur crème sur la côte ouest. (p. 113)

Hat Mai Khao La plage la plus longue de Phuket, presque toujours déserte. (p. 135)

Hat Nai Yang Nature et tourisme cohabitent sur cette plage décontractée du parc national. (p. 135)

Paradis cachés

Hat Ya Nui Une tranquille crique de Rawai avec des eaux saphir et de sublimes crépuscules. (p. 97)

Banana Beach Une plage jalonnée de gros rochers, accessible en descendant à travers la jungle. (p. 136)

Ao Sane Un discret petit bijou de Rawai. (p. 98)

ALEKSANDAR TODOROVIC/SHUTTERSTOCK ©

Plages familiales

Hat Kata Deux croissants de sable offrant de bons équipements et de quoi s'amuser. (p. 83)

Hat Nai Han À l'extrémité sud de l'île, une plage tranquille et authentique. (p. 97)

Hat Kamala Eaux calmes et bon site de snorkeling. (p. 105)

Sports nautiques

Rawai Haut lieu du kitesurf sur la côte est. (p. 93)

Hat Kata Yai Excellentes écoles de surf, de paddle et de plongée. (p. 87)

Hat Kamala Breaks intéressants et belles opportunités de snorkeling. (p. 105)

Hat Patong Ici, tout est possible : plongée, Jet-Ski, parachute ascensionnel et plus encore. (p. 57)

Hat Nai Yang Surf et kitesurf durant la mousson. (p. 135)

Ambiance festive

Hat Bang Thao Magnifique étendue de sable blanc de 8 km, dotée de deux fastueux clubs de plage. (p. 121)

Hat Kamala Un cadre de club de plage teinté d'une ambiance de village. (p. 105)

Hat Patong Capitale de la fête et de tous les excès. (p. 57)

Vaut le détour : Natai

Située à seulement 26 km au nord de l'aéroport de Phuket, **Natai**, refuge de luxe de plus en plus populaire, est plus facilement accessible depuis Phuket que certaines parties de l'île. On n'y trouve pas grand-chose, hormis quelques-uns des restaurants et hôtels les plus sélects du sud de la Thaïlande et une large étendue de sable blond baignée par une eau turquoise.

Sports nautiques

La plongée est l'activité nautique reine de Phuket, mais on peut aussi y pratiquer le snorkeling, le kitesurf, le kayak de mer, la voile et le surf. La période novembre-avril est idéale pour la plongée et le snorkeling, tandis que la mousson se prête au surf et au kitesurf sur la côte ouest. Notez toutefois que ces activités sont praticables toute l'année quand la météo le permet.

CHAINARONG PHRAMMANEE/SHUTTERSTOCK ©

Plongée et snorkeling

Les excursions de plongée de 1 à 2 jours sur des sites proches sont proposées à partir de 3 800 B ; la formation de 3 jours menant à la certification PADI Open Water Diver coûte de 11 000 à 21 000 B. De Phuket, on peut rejoindre des excursions de plongée vers les îles Similan (p. 142). La saison idéale pour la plongée court de novembre à avril ; certains sites sont parfois fermés durant la mousson (mai-octobre).

Phuket n'offre pas des conditions de snorkeling exceptionnelles, mais vous trouverez du matériel (200 B/j) et des circuits dans la plupart des zones balnéaires.

Kitesurf et surf

Le kitesurf, l'un des sports les plus en vogue au monde, fait partie des grandes passions locales. Les meilleurs spots de Phuket se trouvent à Hat Nai Yang (p. 135), de mai à octobre, et à Rawai (p. 93), de novembre à mars. Les prestataires fiables sont affiliés à l'IKO (International Kiteboarding Organisation ; www.ikointl.com). Par ailleurs, Phuket est une destination méconnue en matière de surf.

Kayak de mer et paddle (SUP)

Plusieurs opérateurs locaux proposent des balades en kayak dans la spectaculaire Ao Phang-Nga (p. 140). Le circuit d'une journée (environ 4 000 B/pers) inclut repas, matériel et transfert en bateau. La location de SUP (400 B/h) est possible

ADRIAN BAKER/SHUTTERSTOCK ©

sur la plupart des plages ; de bons circuits sont proposés.

Sites de plongée et de snorkeling

Sea Fun Divers Excursions à destination des îles Similan, formations PADI et plongées d'une journée autour de Phuket et de Ko Phi Phi ; instructeurs passionnés et professionnels. (p. 62)

Sea Bees Ce prestataire établi de longue date propose des excursions d'une journée vers Ko Phi Phi, des certifications SSI et des excursions-croisières vers les îles Similan. (p. 62)

Sunrise Divers Le principal prestataire d'excursions-croisières (îles Similan et Surin) ; sorties d'une journée à destination de Ko Phi Phi et des îles Similan. (p. 78)

Dive Asia Classiques sorties de plongée d'une journée à Ko Phi Phi, formations PADI et excursions-croisières vers les îles Similan et Surin. (p. 79 et 89)

Rumblefish Adventure École-boutique à Kata : typiques sorties d'une journée, excursions-croisières et formations PADI. Pension. (p. 89)

Spots de surf et de kitesurf

Kiteboarding Asia Compagnie présente dans toute la Thaïlande, avec des agences à Rawai et à Hat Nai Yang. (p. 97)

Kite Zone Agence de kitesurf à Rawai. (p. 97)

Hat Kamala Spot de surf prisé de mai à octobre. (p. 105)

Hat Karon Cours de surf durant la mousson. (p. 75)

Hat Kata Cours de surf et location de matériel d'avril à novembre. (p. 83)

Spots de kayak de mer et de SUP

John Gray's Seacanoe L'opérateur vedette de l'île ; sorties d'une journée et excursions kayak de plusieurs jours (avec camping) vers Ao Phang-Nga et Khao Sok. (p. 141)

Nautilus Dive & Surf Shop Spécialiste de "tout ce qui se passe dans l'eau", basé dans le sud de Hata Kata Yai. (p. 85)

Sorties culturelles

Quand on parvient à s'arracher à la plage, on se rend compte que Phuket offre des atouts culturels très gratifiants. Phuket-ville est le cœur culturel de l'île, même si chaque secteur possède son propre charme. Le Grand Bouddha, couvert d'albâtre de Birmanie, veille sur le Sud, tandis que des temples bouddhiques, des sanctuaires chinois et d'élégantes mosquées sont disséminés sur toute l'île.

THAISIGN/SHUTTERSTOCK ©

Musées

Phuket Thaihua Museum Une perle de Phuket-ville consacrée à l'histoire des mines d'étain et de l'immigration chinoise à Phuket. (p. 38)

Chinpracha House Magnifiquement préservée, cette demeure sino-portugaise à Phuket-ville plaira aux passionnés d'objets anciens et d'architecture. (p. 38)

Architecture

Vieille ville de Phuket Les rues les plus fascinantes de Phuket au plan architectural, avec nombre de *shophouses* et de demeures sino-portugaises. (p. 34)

Soi Romanee La plus belle rue historique de Phuket-ville. (p. 35)

Sites religieux

Grand Bouddha L'un des plus grands bouddhas du monde (45 m) trône sur les collines de Nakkerd ; une petite grimpée ? (p. 80)

Wat Chalong L'un des temples majeurs de Phuket, avec 36 bouddhas dorés et un *chedi* aux tons rosés. (p. 99)

Wat Phra Thong Paisible temple à Thalang, recelant un bouddha doré semi-enterré. (p. 129)

Sanctuaire de la Lumière sereine Admirez les gravures taoïstes et les plafonds en voûte de ce temple de Phuket-ville, à travers les nuages d'encens. (p. 38)

Vaut le détour : Wat Sireh

Perché sur le point culminant de Ko Sireh, à 5 km à l'est de Phuket-ville, le **Wat Sireh** (วัดบ้านเกาะสิเหร่ ; Th Sireh ; accès libre ; aube-crépuscule) est un temple vieux de 60 ans délavé par le soleil, entouré par une dizaine de bouddhas peints à l'or, et l'un des sites religieux les plus importants de Phuket. À l'intérieur, on trouve un imposant bouddha doré couché.

Shopping

Parcourir les boutiques est l'un des passe-temps favoris des visiteurs de Phuket. Surin et Bang Thao/Cherngtalay recèlent des boutiques de mode de plage chics, tandis que Surin, tout comme Phuket-ville, compte de passionnantes échoppes d'art et d'antiquités. Vous trouverez aussi des boutiques de mode à Phuket-ville, avec notamment des bijoux rétro et des textiles colorés du cru. Enfin, guettez les marchés locaux à prix doux.

BUTENKOV ALEKSEI/SHUTTERSTOCK ©

Mode

Chandra Boutique d'articles chics et glamour à **Surin** et **Cherngtalay**. (p. 116 et 125)

Ranida Entre la boutique d'articles pour femmes d'inspiration rétro et la galerie d'antiquités, à Phuket-ville. (p. 52)

Pink Flamingo Des fresques murales peintes à la main ornent un bâtiment réinventé de Phuket-ville, qui propose une mode balinaise. (p. 52)

Boat Avenue Complexe commercial haut de gamme et à ciel ouvert à Cherngtalay. (p. 125)

Baru Articles chics et aérés pour la plage, à Karon. (p. 79)

Ban Boran Textiles Tissus, vêtements et accessoires colorés de toute l'Asie du Sud-Est. (p. 53)

Marchés et centres commerciaux

Walking St Un marché animé du dimanche après-midi investit Th Thalang, à Phuket-ville. (p. 51)

Jung Ceylon Ce centre commercial vend des marques internationales à Patong. (p. 73)

Central Festival La reine des galeries commerçantes de Phuket ; près de Phuket-ville. (p. 53)

Marché du Week-end Version locale du marché de Chatuchak, à Bangkok. (p. 51)

Art et antiquités

Oriental Fine Art Une collection d'art traditionnel d'Asie du Sud-Est, à Surin, digne d'un musée. (p. 117)

Drawing Room Des œuvres d'art contemporain audacieuses et abstraites à Phuket-ville. (p. 52)

Baanboonpitak Une belle mine d'objets anciens à Patong. (p. 72)

Soul of Asia Antiquités et œuvres d'art asiatiques d'un collectionneur de Surin. (p. 117)

Beauté et bien-être

Lemongrass House Produits 100% naturels ; boutiques à **Karon** et à **Surin**. (p. 79 et 116)

Oldest Herbs Shop Remèdes chinois à base d'herbes dans une échoppe centenaire. (p. 53)

Spas et massages

Après le farniente au soleil, la plongée, le kayak et la fête, laissez-vous aller aux fabuleuses douceurs de Phuket. Que vous ayez un budget généreux ou limité, préparez-vous à profiter de divins massages, gommages et enveloppements dans des spas disséminés sur l'île. Affrontez un tonique massage thaïlandais classique ou optez pour un enveloppement à l'aloe vera et un bain de vapeur floral.

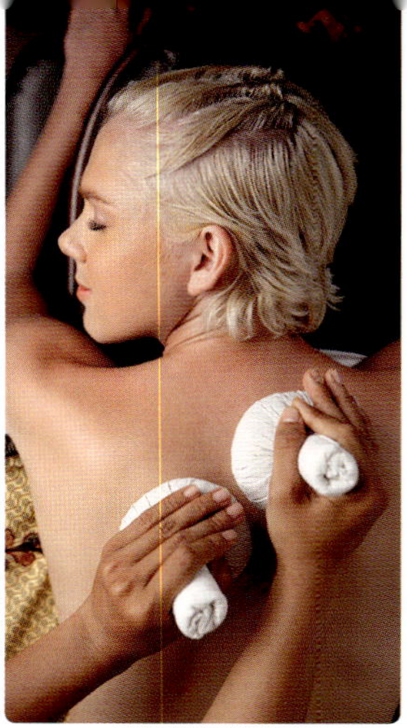

TONGRO IMAGES INC/GETTY IMAGES ©

Se faire dorloter

Cool Spa Soins à base de fruits dans un cadre luxueux et sensationnel à Laem Phanwa ; ne ratez pas le bar **Baba Nest**. (p. 55)

Mala Spa Produits bio et soins experts (massages, enveloppements, etc.) au fabuleux **Keemala** de Kamala. (p. 149)

Coqoon Spa Une suite "nid" suspendue, un stupéfiant cadre de forêt tropicale et un service 5 étoiles à Hat Nai Yang. (p. 136)

Infinite Luxury Spa Un spa ultramoderne combinant techniques traditionnelles et soins high-tech – dont une capsule anti-jetlag... (p. 87)

SALA Spa D'impeccables salles de massage dans des cours pavées, à Hat Mai Khao. (p. 137)

Banyan Tree Spa Un complexe-spa haut de gamme à Bang Thao, très prisé pour les soins thaïs et indiens. (p. 121)

Mom Tri's Spa Royale Un spa réputé de Kata, avec articles bio. (p. 87)

Sun Spa Soins maison dans un scintillant spa de Surin. (p. 114)

Baray Spa Des soins parmi les cascades, les canaux et les jardins. (p. 87)

Spas les plus économiques

Thai Carnation Un spa très abordable dans le secteur haut de gamme d'Ao Bang Thao. (p. 122)

Raintree Spa Spa d'un excellent rapport qualité/prix à Phuket-ville, au sein de paisibles jardins tropicaux. (p. 40)

Oasis Spa Cadre classique, plus soins thaïlandais et ayurvédiques à Kamala. (p. 108)

Atsumi Centre de cure détox à Rawai avec jeûne, massages, yoga et piscine. (p. 98)

The Spa Paisible spa à Karon, au milieu de délicieux jardins tropicaux. (p. 77)

Phuket avec des enfants

Tandis que le visage le plus sordide de l'industrie thaïlandaise du sexe s'expose à Patong, le reste de Phuket est plutôt accessible à tous les publics, avec une pléthore de divertissements. Par souci du bien-être animal, nous ne recommandons pas Phuket Fantasea (p. 108), le parc de Kamala Beach prétendument "ouvert aux familles", et les nombreux circuits à dos d'éléphant de l'île (p. 155).

Faune

Sanctuaire des éléphants de Phuket Observer, nourrir et marcher avec les pachydermes dans une réserve respectueuse des animaux, au Nord-Est. (photo, p. 131)

Soi Dog Cette fondation à but non lucratif proche de Hat Mai Khao secourt chats et chiens. (p. 136)

Centre de réadaptation pour les gibbons de Phuket Au Nord-Ouest, ce petit centre accueille des gibbons élevés en captivité pour les réintroduire dans la jungle. (p. 129)

Aquarium de Phuket À Laem Phanwa, nombre de surprises, dont des requins de récif, le poisson-chat tigre et une anguille électrique branchée sur 600 V. (p. 55)

Activités

Phuket Riding Club Trottez dans la jungle et le long de plages dorées autour de Hat Mai Khao. (p. 137)

Kiteboarding Asia Les grands enfants feront du kitesurf à Rawai et à Hat Nai Yang. (p. 97)

Réserve animalière et forestière royale de Khao Phra Thaew Une réserve touffue résonnant du chant des cascades et des gibbons. (p. 130)

Nam Tok Bang Pae On se baigne au pied de ces chutes d'eau, situées au sein d'un parc national. (p. 130)

Vaut le détour : Phuket Wake Park

Fendez les eaux du lac de Kathu sur un wakeboard avec le **Phuket Wake Park** (☎076 510151 ; www.phuketwakepark.com ; 86/3 Mu 6, Th Vichitsongkram, Kathu ; adulte/enfant visite 2 heures 950/450 B, forfait journée 1 600/800 B ; 🕘9h-18h), conçu pour les ados et les grands enfants. Tours de wake de 1, 2 ou 4 heures, à la journée ou en cours (1 000 B/h), location de planches (dès 300 B) et transfert depuis l'hôtel.

Phuket en 4 jours

Jour 1

DORN THAISIGN/500PX/GETTY IMAGES ©

Fuyez la chaleur en montant tôt jusqu'au **Grand Bouddha** (p. 80). Puis allez déjeuner au **Red Duck** (p. 88) à Kata, avant de vous délasser sur le sable de **Hat Kata Yai** (p. 87).

Sinon, cap au sud vers la plage de **Hat Nai Han** (p. 97), bordée de casuarinas, et les cafés sans façons de Rawai. Lorsque le soleil descend à l'horizon, gagnez **Laem Phromthep** (p. 94). Descendez prendre un verre au **Nikita's** (p. 103), sur Hat Rawai, ou à l'**After Beach Bar** (p. 90), à Kata.

Au dîner, faites-vous plaisir au **Boathouse** (p. 88), un restaurant romantique de Kata donnant sur la plage, ou au somptueux **Rum Jungle** (p. 99), à Rawai. Parachevez la soirée avec un cocktail au **Ska Bar** (p. 90), sur le front de mer de Kata.

Jour 2

ALENA OZEROVA/SHUTTERSTOCK ©

Pour découvrir l'histoire foisonnante de Phuket-ville, prenez votre petit-déjeuner au **Shelter Coffee** (p. 48) ou à l'**Abdul's Roti Shop** (p. 43). Parcourez la vieille ville sino-portugaise (p. 34), notamment la belle **Soi Romanee** (p. 35).

Déjeunez au **Kopitiam by Wilai** (p. 42), au **One Chun** (p. 43) ou au **Raya** (p. 46), et prenez un café au **Bookhemian** (p. 48) ou au **DouBrew** (p. 49). Écumez les boutiques et les galeries comme **Ranida** (p. 52) et **Drawing Room** (p. 52).

Goûtez, en soirée, les créations fusion du **Suay** (p. 42) ou les classiques locaux du **Tu Kab Khao** (p. 45) et du **Tantitium** (p. 45). Puis allez écouter du jazz au **Bebop** (p. 51), prendre un cocktail au **Dibuk House** (p. 48), ou faire la fête au pub-club **Timber Hut** (p. 49).

Jour 3

WOJTARO76/SHUTTERSTOCK ©

Pour bien démarrer la journée, humez les arômes d'expresso du **Bocconcino** (p. 115), à Surin, ou du **Phuket Coffee Lab** (p. 116). Flânez dans les élégantes boutiques du coin, telles **Chandra** (p. 116), **Lemongrass House** (p. 116) ou **Oriental Fine Art** (p. 117). Détendez-vous sur le sable à **Hat Surin** (p. 113) ou à **Hat Pansea** (p. 113).

Direction le sud et **Hat Kamala** (p. 105) pour profiter du **Café del Mar** (p. 109) et pratiquer le surf ou le SUP. Reprenez des forces au **Meena Restaurant** (p. 109) ou à l'**Isaan Popeye Thai Food** (p. 109), et visitez le **Mémorial du Tsunami** (p. 107).

Si votre budget vous le permet, offrez-vous un **soin** et un repas au magique **Keemala** (p. 149). Sinon, dînez au **Blue Manao** (p. 108).

Jour 4

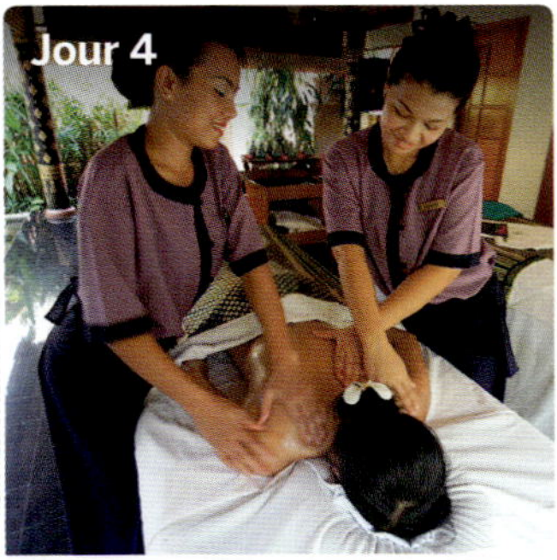
LOOK DIE BILDAGENTUR DER FOTOGRAFEN GMBH /ALAMY STOCK PHOTO ©

Prenez le petit-déjeuner à **Monkeypod** (p. 130) en allant vers le **sanctuaire des éléphants** (p. 131). Arrêtez-vous au **centre de réadaptation pour les gibbons** (p. 129) et profitez de la beauté de la **réserve animalière et forestière royale de Khao Phra Thaew** (p. 130). Visitez aussi le **Wat Phra Thong** (p. 129).

Prenez vers Cherngtalay, à l'ouest, et déjeunez au sélect **Catch Beach Club** (p. 121), sur **Hat Bang Thao** (p. 121). Faites un soin au **Thai Carnation** (p. 122) ou au **Banyan Tree Spa** (photo ; p. 121) ; ou du shopping au **Boat Avenue** (p. 125).

Le soir, dînez au **Suay** (p. 123), au **Bampot** (p. 122), au **Siam Supper Club** (p. 124) ou au **Pesto** (p. 123). Puis prenez un dernier verre au **Project Artisan** (p. 123).

Les basiques

Pour plus d'informations, voir le *Carnet pratique* (p. 146)

Devise
Baht thaïlandais (B)

Langue
Thaï

Visa
Visa de 30 jours délivré à l'arrivée d'un vol international ou aux frontières terrestres. Visa de 60 jours auprès des consulats thaïlandais à l'étranger.

Argent
DAB très répandus ; cartes bancaires acceptées dans certains hôtels et restaurants.

Téléphone portable
Cartes SIM en vente dans les centres commerciaux et les supérettes (7-Eleven) ; compatibles avec les téléphones GSM.

Heure locale
En avance de 7 heures sur l'heure GMT/UTC.

Pourboires
Pas obligatoires, mais appréciés. Service de 10% dans les restaurants chics.

Budget quotidien

Moins de 1 000 B

Lit en dortoir : 300-700 B

Chambre bon marché : 600-1 000 B

Restauration de rue ou repas sur un marché : 30-200 B

Trajet en *sŏrng·tăa·ou* (minibus) ou à moto-taxi : 25-50 B

1 000-3 000 B

Chambre dans une pension ou un hôtel : 1 200-3 000 B

Repas avec boissons : 250-700 B

Soin dans un spa : 300-1 500 B

Plus de 3 000 B

Chambre dans un *resort* ou un hôtel de charme : à partir de 3 000 B

Bon restaurant avec vin : 500-1 500 B

Excursion plongée de 1 à 2 jours : 3 800-4 400 B

Location de voiture : 1 200 B

Sites Internet

A Phuket (www.aphuket.com). Des infos illustrées de photos.

Go Phuket (www.gophuket.net). Guide touristique et blog signés Lana Willocks, expatriée à Phuket (en anglais).

Jamie's Phuket (www.jamiesphuketblog.com). Blog rédigé par un initié, expatrié de longue date à Phuket (en anglais).

Lonely Planet (www.lonelyplanet.fr/destinations/asie/thailande/phuket). Infos sur la destination, hôtels, forum des voyageurs, etc.

Phil à Phuket (phil-a-phuket.com). Des rubriques intéressantes, notamment sur les plages de Phuket et la gastronomie.

Phuket 101 (www.phuket101.net/fr). Blog illustré, avec les fabuleux conseils de l'expatrié Willy Thuan.

Phuket News (www.thephuketnews.com). Infos à jour et sujets culturels/touristiques.

Arriver à Phuket

Aéroport international de Phuket

La plupart des visiteurs arrivent à l'**aéroport international de Phuket** (www.phuketairportonline.com), à 30 km au nord-ouest de Phuket-ville.

Des taxis avec compteur (très pratiques) vous attendent à l'extérieur du hall des arrivées internationales, pour un coût qui ne devrait pas excéder 700 B où que vous alliez à Phuket.

Douze bus (www.airportbusphuket.com) relient chaque jour l'aéroport au Terminal 1 de Phuket-ville (Th Phang-Nga ; 100 B ; 1 heure) ; ils démarrent de l'aéroport entre 8h et 20h30, et de Phuket-ville entre 6h et 18h30. Le **Phuket Smart Bus** (☎086 306 1257 ; www.phuketsmartbus.com ; 50-170 B) rallie l'aéroport aux plages de la côte ouest et à Rawai (50-170 B, ttes les heures de 6h à 20h15).

Des minibus desservent certaines plages de la côte ouest (200 B).

Comment circuler

La circulation à Phuket est connue pour être effrayante, même si la situation s'améliore doucement. Le prix des taxis reste très cher.

Voiture et moto

Il est facile de louer une voiture (à partir de 1 000 B/j) ou un scooter (250 B/j).

Taxi

Vous trouverez des stations de taxis dans les stations balnéaires ; la plupart des agences de voyages vous procureront un chauffeur. Les taxis avec compteur (plus abordables) sont rares, sauf à l'aéroport de Phuket. L'application Grab est pratique (p. 152).

Bus

Le Phuket Smart Bus relie Rawai, l'aéroport et les plages de la côte ouest.

Sŏrng·tăa·ou et túk-túk

Lents et bon marché, les *sŏrng·tăa·ou* (petites camionnettes) circulent entre Phuket-ville et les plages ; les *túk-túk* (prononcé đúk đúk ; véhicules à 3 roues) sont pratiques (mais chers).

Les régions de Phuket

Ao Bang Thao et Cherngtalay (p. 119)
Une stupéfiante étendue de sable blanc, longue de 8 km, avec des *resorts* et des clubs de plage haut de gamme, et d'excellents restaurants dans les terres.

Hat Surin (p. 111)
Un site raffiné qui ajoute aux plaisirs balnéaires une ambiance de village, des boutiques et une nature splendide.

Hat Kamala (p. 105)
Un séjour tout en décontraction, avec un cocktail de sable doré, de surf, de clubs de plage et d'atmosphère de village local.

Hat Patong (p. 57)
Bars de go-go dancing, cabarets coquins, boîtes de nuit, philosophie hédoniste... Patong est la "Vegas" de Phuket.

Hat Karon (p. 75)
Cumule une sublime longue plage de sable blanc prisée des amateurs de farniente et le départ de la randonnée du Grand Bouddha.

Hat Kata (p. 83)
Idéale pour les familles avec ses restaurants raffinés, ses bars de plage, ses sites de plongée, ses spas et son sable chaud.

Plages du Nord (p. 133)
Un trio de plages sublimes qui ont réussi jusqu'ici à échapper aux conséquences du boom touristique de Phuket.

Nord-est de Phuket (p. 127)
Randonner vers des chutes d'eau, découvrir des gibbons chanteurs et des éléphants rescapés dans la réserve royale de Khao Phra Thaew, puis explorer des temples paisibles.

Phuket-ville (p. 31)
Un cocktail d'architecture sino-portugaise, de sanctuaires taoïstes, de pensions de charme, de cafés, cocktails et galeries d'art dynamiques, et de bars locaux animés.

Rawai (p. 93)
Découvrir des points de vue spectaculaires, des bars et des cafés décontractés, des plages abritées et une ambiance tranquille à mille lieues de Phuket.

Explorer Phuket

Vaut le détour

Wat Chalong (p. 99) CONNOR STRZELEWICZ/SHUTTERSTOCK ©

บุญเลิศการไฟฟ้า
076 211 680, 076 223 955

Explorer

Phuket-ville

Mélange coloré d'influences culturelles, la vieille ville n'est pas seulement un témoignage de l'histoire de Phuket, elle est aussi le cœur branché de l'île. Hôrng tăa·ou (shophouses) centenaires restaurées, captivantes œuvres d'art urbain se mêlant à l'architecture sino-portugaise... la richesse culturelle de la capitale offre un agréable dépaysement.

En bref

- ***Architecture de la vieille ville (p. 32)*** *Flâner parmi les shophouses sino-portugaises et les vénérables sanctuaires chinois.*
- ***Café (p. 48)*** *La quête des meilleurs grains de l'île dans les cafés inventifs de la ville.*
- ***Gastronomie locale (p. 42)*** *Un échantillon des spécialités de Phuket ; ne manquez pas les fameuses échoppes de roti dans Th Thalang.*
- ***Cocktails (p. 48)*** *Des breuvages concoctés avec art sur une scène locale en développement.*
- ***Shopping (p. 52)*** *Objets anciens, habits vintage, œuvres d'art expérimentales et livres d'occasion.*

Comment y aller et circuler

Comptez 550 B depuis/vers l'aéroport, 500 B pour Patong, 600 B pour Kata et 700 B pour Surin.

Bus orange vif de l'aéroport : 12 liaisons quotidiennes (100 B, 1 heure, 6h-20h30). Bus local au départ du Terminal 1 jusqu'à Patong (30 B, 7h-17h).

Sŏrng·tăa·ou Des camionnettes de la taille d'un bus relient Th Ranong aux plages (30-40 B, 30 min à 1 heure 30, 7h-18h).

Plan de Phuket-ville p. 36

Échoppes sino-portugaises (p. 33) KEVIN HELLON/SHUTTERSTOCK ©

Les incontournables

Vieille ville de Phuket

Centre de l'industrie de l'étain aux XIXe et XXe siècles, l'évocatrice vieille ville de Phuket a été restaurée au cours de la dernière décennie : ses anciens édifices sino-portugais ont été repeints de couleurs vives, de nouveaux cafés, bars et pensions ont ouvert et, récemment, des œuvres d'art urbain ont ajouté des touches colorées. Elle continue d'offrir une riche et authentique tranche d'histoire et de vie locale.

PLAN P. 36, D4

Sŏrng·tăa·ou Relient Th Ranong aux plages de Phuket (30-40 B ; 7h-18h)

Bus local au départ du Terminal 1 pour Patong (30 B ; 7h-17h).

Tarifs : Patong 500 B, Surin 700 B.

Architecture sino-portugaise

Née de la rencontre d'influences asiatiques et européennes, la remarquable architecture sino-portugaise de Phuket-ville a connu son apogée au début du XXe siècle, alors que culminait l'industrie minière de l'étain.

Certains de ces édifices magnifiquement restaurés jalonnent Soi Romanee (p. 35), à l'origine le "quartier chaud" de la ville, et Th Thalang, la dynamique artère principale de la vieille ville. On pourra en découvrir quantité d'autres dans Th Dibuk, Th Yaowarat, Th Ranong, Th Phang-Nga, Th Krabi et Th Rassada. Parmi les plus beaux exemples, citons la Standard Chartered Bank (p. 35), l'ancienne poste (p. 35), la Chinpracha House (p. 38) et la Phra Pitak Chinpracha Mansion (p. 35). Parmi ces édifices se dressent d'importants sanctuaires chinois.

Cuisine de Phuket

On estime que 70% de la population de Phuket est d'origine peranakan (Chinois des Détroits). Ce riche patrimoine brille tout particulièrement dans la gastronomie locale, avec des saveurs et des spécialités qu'on ne trouve nulle part ailleurs en Thaïlande. Guettez les *mèe hokkien* (nouilles *hokkien*), le *dim sum*, les biscuits chinois et les *roti*, ainsi que les classiques "fusion" comme le *lobha* (joue et abats de porc), le *mŏo hong* (porc braisé au poivre et à l'ail), les *pàk miang* (feuilles évoquant le chou kale, souvent mélangées avec des œufs) et le *gaang pôo* (curry de crabe).

Cafés et cocktails artisanaux

Les jeunes entrepreneurs de Phuket-ville ne cessent d'expérimenter de nouvelles variétés de café et de breuvages personnalisés, faisant de la ville le meilleur endroit de l'île pour déguster des cocktails artisanaux et des expressos délicats, mêlant originalité et inspiration thaïlandaise.

★ À savoir

- Phuket-ville est de plus en plus prisée des visiteurs et des groupes ; faites-y une halte rapide ou passez-y la nuit pour la découvrir plus tranquillement.
- La plupart des bonnes adresses pour le petit-déjeuner ouvrent à partir de 6h ; allez-y de bonne heure pour éviter la foule.
- Malgré les rénovations, de nombreuses maisons sino-portugaises s'admirent seulement de l'extérieur ; la Chinpracha House (p. 38) fait exception.

✕ Une petite pause ?

Arrêtez-vous pour un café et un brunch léger au Shelter Coffee (p. 48).

Dégustez des spécialités de Phuket à Kopitiam by Wilai (p. 42), une *shophouse* réaménagée.

Promenade à pied

Joyaux architecturaux de Phuket-ville

À des années-lumière des plages de sable blanc, Phuket-ville offre un aperçu unique du fascinant patrimoine de l'île. Cette promenade dans son cœur historique invite à découvrir des joyaux architecturaux du XXe siècle, des demeures grandioses et des shophouses baba (peranakan ou Chinois des Détroits), ainsi qu'une poignée de musées historiques.

La promenade

Départ Phuket Thaihua Museum

Arrivée Memory at On On Hotel

Distance 2,5 km

Durée 2 à 3 heures

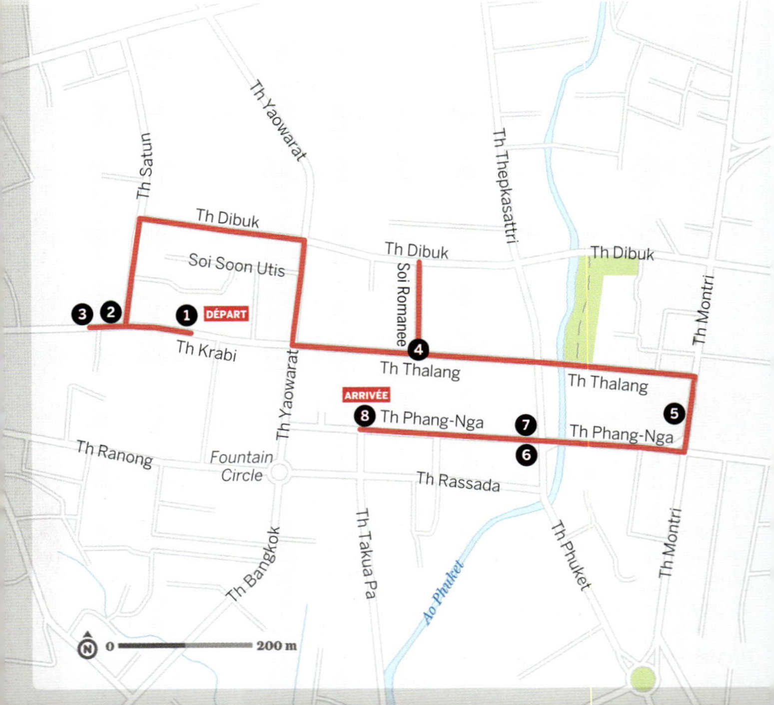

❶ Phuket Thaihua Museum

Débutez par le majestueux **Phuket Thaihua Museum** (p. 38). Cette école chinoise de 1934 (la plus ancienne école de Thaïlande), aux styles architecturaux d'influences européennes, chinoises et thaïlandaises, a été reconvertie en musée et propose des expositions multimédia sur la vie locale.

❷ Phra Pitak Chinpracha Mansion

Prenez Th Krabi vers l'ouest et flânez dans les jardins dominant le carrefour de Th Satun. La Phra Pitak Chinpracha Mansion, une demeure du début du XXe siècle restaurée, abrite l'une des meilleures tables thaïlandaises et écoles de cuisine de Phuket, le **Blue Elephant** (p. 45).

❸ Chinpracha House

À l'ouest, une ruelle ornée de fresques murales mène à la **Chinpracha House** (p. 38), construite en 1903 grâce à l'argent de l'industrie de l'étain. Cette maison, résidence privée des descendants du bâtisseur d'origine, est aussi un musée.

❹ Th Thalang et Soi Romanee

Prenez Th Satun vers le nord et tournez à droite (vers l'est) dans la colorée Th Dibuk ; bifurquez à droite (au sud), dans Th Yaowarat, près de la fresque murale de Rama IX (Bhumibol Adulyadej ; r. 1946-2016), puis à gauche (à l'est) dans la rue historique de **Th Thalang**.

Près de là se trouve **Soi Romanee**, aux *shophouses* sino-portugaises joliment restaurées.

❺ Ancienne poste

Continuez vers l'est le long de Th Thalang, franchissez le canal et tournez à droite (vers le sud) dans Th Montri : dans l'ancienne poste, exemple typique (et écaillé) d'architecture sino-portugaise, loge le **musée de la Philatélie de Phuket** (พิพิธภัณฑ์ตราไปรษณียากรภูเก็ต ; gratuit ; 🕘9h-17h30 mar-sam).

❻ Standard Chartered Bank

Prenez Th Phang-Nga vers l'ouest jusqu'à la **Standard Chartered Bank** (ธนาคารสแตนดาร์ดชาร์เตอร์ด ; 🕘musée 9h-16h30 mar-dim), un édifice jaune rénové de style sino-portugais. Première banque de Thaïlande, l'endroit recèle un musée (horaires fluctuants) et s'admire avant tout de l'extérieur.

❼ Commissariat de police

En face se dresse l'ancien **commissariat de police** (Th Phang-Nga ; 🕘9h-16h30 mar-dim), peint en jaune vif, avec sa tour-horloge de la fin du XIXe siècle.

❽ Premier hôtel de Phuket

Reprenez Th Phang-Nga vers l'ouest jusqu'au **Memory at On On Hotel** (📞076 363700 ; www.thememoryhotel.com ; d 1 700-2 350 B ; ❄📶), rénové. Derrière sa façade sino-portugaise, le tout premier hôtel de Phuket révèle des patios aux carrelages en terre cuite, des halls pavés de mosaïque et d'imposants escaliers.

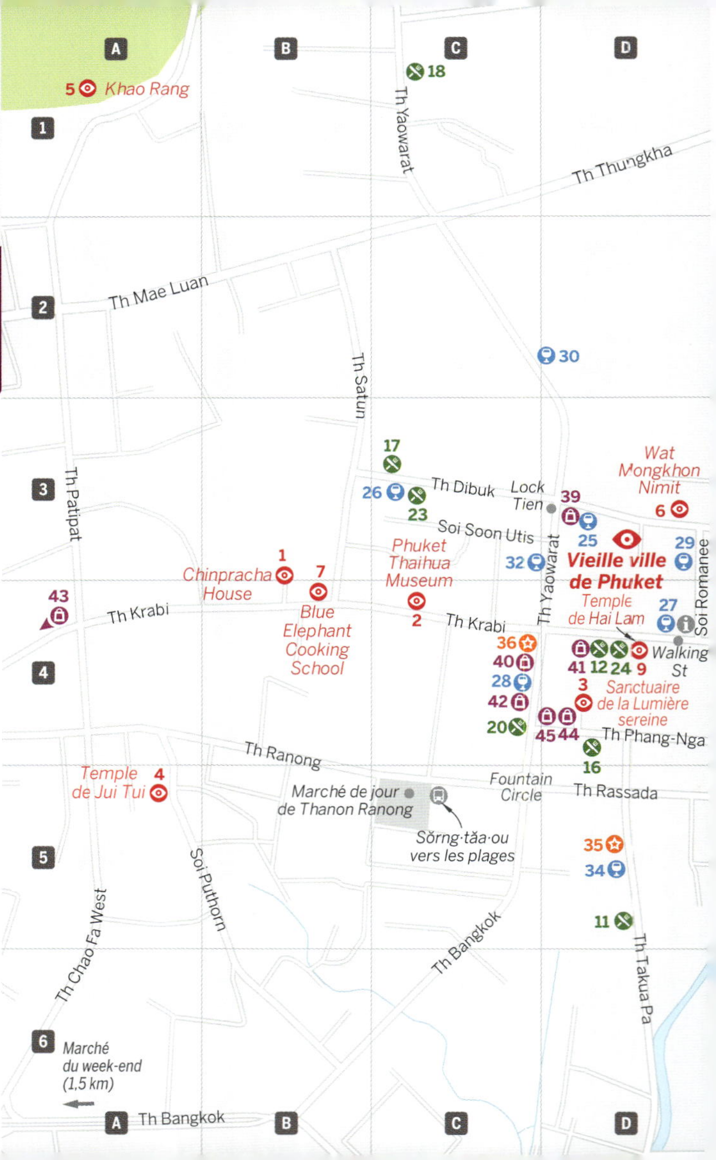
A
B
C
D
1
2
3
4
5
6
5 Khao Rang
18
Th Yaowarat
Th Thungkha
Th Mae Luan
30
Th Satun
17
26
23
Th Dibuk
Lock Tien
39
Wat Mongkhon Nimit
6
Soi Soon Utis
25
29
Vieille ville de Phuket
32
Phuket Thaihua Museum
2
1
Chinpracha House
7
Blue Elephant Cooking School
43
Th Krabi
Th Patipat
Temple de Hai Lam
27
Soi Romanee
36
40
28
42
20
45
44
41
12
24
9
Walking St
3
Sanctuaire de la Lumière sereine
Th Phang-Nga
16
Th Ranong
Temple de Jui Tui
4
Marché de jour de Thanon Ranong
Fountain Circle
Th Rassada
Sŏrng·tăa·ou vers les plages
35
34
11
Soi Puthorn
Th Chao Fa West
Th Bangkok
Th Takua Pa
Marché du week-end (1,5 km)

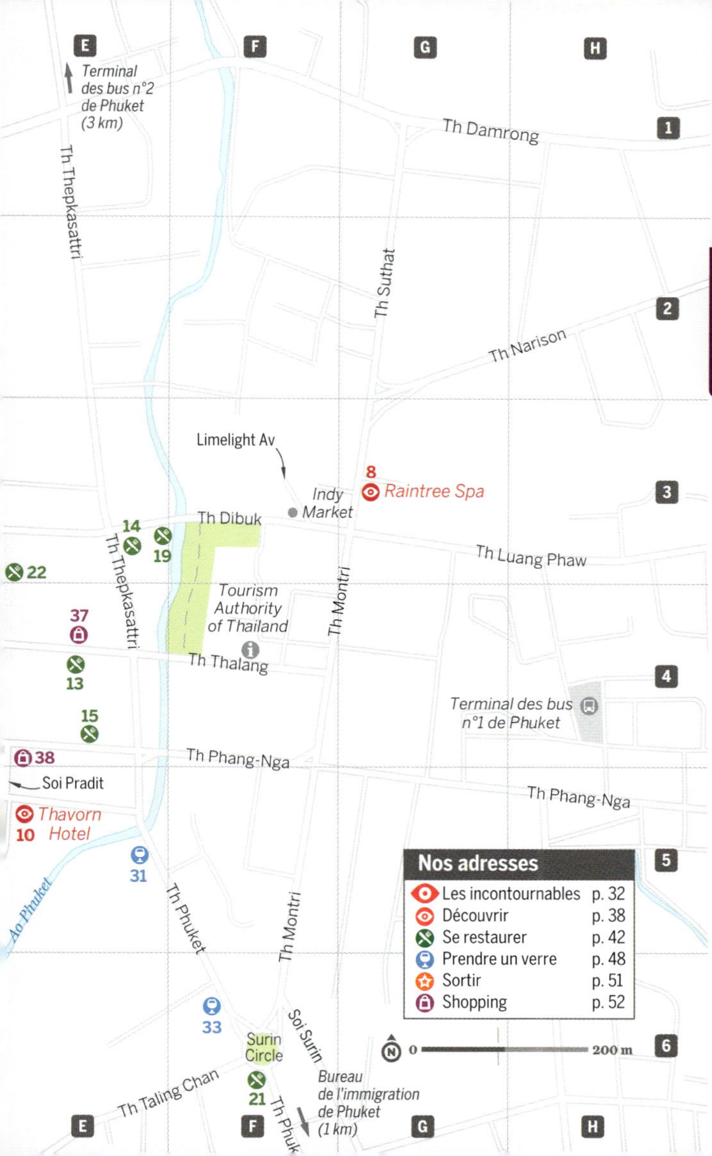
Terminal des bus n°2 de Phuket (3 km)
Th Thepkasattri
Th Damrong
Th Suthat
Th Narison
Limelight Av
Indy Market
8 Raintree Spa
Th Dibuk
Th Luang Phaw
14
19
22
37
Tourism Authority of Thailand
Th Montri
Th Thalang
13
15
Terminal des bus n°1 de Phuket
38
Th Phang-Nga
Soi Pradit
Thavorn 10 Hotel
31
Ao Phuket
Th Phuket
Nos adresses
Les incontournables p. 32
Découvrir p. 38
Se restaurer p. 42
Prendre un verre p. 48
Sortir p. 51
Shopping p. 52
33
Surin Circle
Soi Surin
0 200 m
Bureau de l'immigration de Phuket (1 km)
Th Taling Chan
21
E
F
G
H
1
2
3
4
5
6

Découvrir

Chinpracha House

MUSÉE

1 PLAN P. 36, B3

Bâtie en 1903 grâce à l'argent de l'étain, cette demeure sino-portugaise magnifiquement préservée sera au programme des amateurs d'histoire et d'architecture. Les autres trouveront les lits à baldaquin en acier revêtus de dentelle victorienne un peu criards. Cela dit, les détails de l'atrium – bassin à koï, pots d'hibiscus, céramique italienne et portraits de famille en noir et blanc – rendent la visite enrichissante. Les descendants (6e génération) de Phra Pitak Chinpracha, le premier propriétaire, y habitent encore. (บ้านชินประชา ; Baan Chinpracha ; 076 211281, 076 211167 ; 98 Th Krabi ; 200 B ; 9h-16h30 lun-sam)

Dans la nature en famille

L'agence **Hanuman World** (062 979 5533 ; www.hanumanworldphuket.com ; 105 Mu 4, Th Chao Fa ; tyrolienne 1/2/3 heures avec balade dans la canopée 1 990/2 300/3 190 B ; 8h-17h), professionnelle, bien organisée et responsable, est installée dans la jungle à 5 km au sud-ouest de Phuket-ville. Sept tyroliennes (de 7, 16 ou 30 plateformes) filent à travers une canopée tropicale de ramboutans et de durians. Également une Skywalk ("balade dans le ciel", 690 B) et un élégant restaurant de cuisine thaïlandaise et internationale (110-500 B) avec un bar à cocktails sur le toit-terrasse.

Phuket Thaihua Museum

MUSÉE

2 PLAN P. 36, C4

Fondée en 1934, cette ancienne école chinoise abrite un musée tape-à-l'œil, avec force photos, vidéos et expositions en anglais sur l'histoire de Phuket, l'immigration chinoise (nombre des familles influentes de Phuket sont d'origine chinoise), l'industrie de l'étain et la fête végétarienne (p. 44), mais aussi la cuisine, la mode et la littérature locales. Le bâtiment est un stupéfiant mélange de styles architecturaux chinois et européens, dont l'Art déco et le palladianisme, avec un toit à pignon chinois et du stuc, ainsi qu'un portail en fer à l'anglaise. (พิพิธภัณฑ์ภูเก็ตไทยหัว ; 076 211224 ; 28 Th Krabi ; 200 B ; 9h-17h)

Sanctuaire de la Lumière sereine

SANCTUAIRE

3 PLAN P. 36, D4

Une poignée de temples chinois ajoutent une touche de couleur à Phuket-ville. Ce sanctuaire restauré dans une ruelle de 50 m ornée de fresques modernes est particulièrement évocateur, avec ses gravures taoïstes aux murs et son plafond voûté obscurci par les panaches d'encens. L'autel est constamment décoré de fleurs et de bougies, tandis que les édifices sino-portugais voisins ont été magnifiquement repeints. Ce sanctuaire aurait été construit par une famille locale en 1889. (ศาลเจ้าแสงธรรม, Saan Jao Sang Tham ; Th Phang-Nga ; entrée libre ; 8h30-12h et 13h30-17h30)

Temple de Jui Tui

SANCTUAIRE TAOÏSTE

4 PLAN P. 36, A5

Parmi les sanctuaires chinois les plus importants de l'île, cet ensemble de hautes bâtisses rouge délavé est dédié à Tean Hu Huan Soy, dieu des artistes et des danseurs. C'est aussi le point de ralliement majeur des participants les plus fanatiques (qui se transpercent le corps d'objets pointus) de la fête végétarienne de Phuket (p. 44). Bâti dans Soi Romanee en 1911, le sanctuaire a été déplacé ici après un incendie ; il abrite aujourd'hui une "tour à pétards" du XXIe siècle. Des restaurants végétariens aux enseignes jaunes et rouges jalonnent Th Ranong. (ศาลเจ้าจุ้ยตุ่ยเต้าโบ้เก้ง ; Soi Puthorn ; entrée libre ; 8h-20h30)

Khao Rang

BELVÉDÈRE

5 PLAN P. 36, A1

Pour voir Phuket-ville de haut, rendez-vous au sommet (à pied ou en voiture) du mont Khao Rang, à 2,5 km au nord-ouest

Temple de Jui Tui

DENIS COSTILLE/SHUTTERSTOCK ©

Phuket Food Tours

Proposés par un guide natif de Bangkok, ces circuits gastronomiques dynamiques et instructifs d'une demi-journée à Phuket-ville (www.phuketfoodtours.com ; 2 300-3 000 B par pers ; circuit 8h et 16h) révèlent des délices locaux uniques comme le *dim sum* thaï, les *roti* à la mode du Sud et le *mŏo hong*. Lors des circuits cuisine peranakan et restauration nocturne, les guides locaux tissent savamment histoire et traditions culinaires de Phuket. Transfert de l'hôtel inclus dans le prix. Réservez.

du centre-ville. Une plateforme d'observation offre une vue à 270 degrés, au-delà de Phuket-ville, sur la baie de Chalong, Laem Phanwa et le Grand Bouddha. L'endroit est plus calme en semaine. On y trouve quelques restaurants et cafés, tandis que le **Wat Khao Rang** mérite un coup d'œil en chemin. Le sommet est à 1 heure de marche environ (à ne pas tenter de nuit). (เขารัง, colline de Phuket ; P)

Wat Mongkhon Nimit

TEMPLE BOUDDHIQUE

6 PLAN P. 36, D3

Au croisement de Th Dibuk et de la splendide Soi Romanee, le principal temple bouddhique en activité de Phuket-ville figure parmi les quatre plus révérés de l'île. Vieux de 85 ans, il compte un banian, un impressionnant *chedi* et un bouddha doré assis. (วัดมงคลนิมิตร ; Th Dibuk ; accès libre ; aube-crépuscule)

Blue Elephant Cooking School

COURS DE CUISINE

7 PLAN P. 36, B4

Apprenez l'art délicat de la cuisine royale thaïlandaise dans une demeure sino-portugaise remarquablement restaurée, avec des cours d'une demi-journée (matin ou après-midi). La séance matinale comprend une visite du marché, celle de l'après-midi une partie dessert. Réservez. (076 354355 ; www.blueelephant.com ; 96 Th Krabi ; cours demi-journée 3 296 B ; 9h30-16h30)

Raintree Spa

SPA

8 PLAN P. 36, G3

Niché dans un paisible jardin tropical, le Raintree est un cran au-dessus des autres spas de Phuket-ville. Ici, les employés sont vraiment qualifiés. Faites-vous la peau douce avec un enveloppement corporel à l'aloe vera et au concombre ou un gommage à la "salade de fruits" (ananas, papaye, mangue) ; sinon, optez pour le classique massage thaïlandais. (081 892 1001 ; www.theraintreespa.com ; Sino House, 1 Th Montri ; massage ou soin 500-1 500 B ; 10h-21h30)

Phuket : un peu d'histoire

L'histoire de Phuket se lit comme un roman d'aventures de Robert Louis Stevenson. On y croise, entre autres protagonistes, des populations indigènes vivant dans la jungle, de rusés marchands indiens et européens, des nomades de la mer (soi-disant) en maraude, des immigrés chinois exploitant les mines d'étain et des héroïnes de guerre ayant contribué à sauver la Thaïlande du joug impérial birman.

Des marchands indiens fondèrent Phuket-ville au Ier siècle av. J.-C. Le géographe grec Ptolémée, qui la visita au IIIe siècle, la surnomma "Jang Si Lang", qui se transforma par la suite en "Junk Ceylon". Parmi les premiers habitants de Phuket figuraient des peuples, aujourd'hui disparus, semblables aux actuels Semang, les "Malais aborigènes". Dans le même temps, des nomades d'ascendance malaise, appelés aujourd'hui *chao lair* (ou *chao leh* ; nomades de la mer), peuplèrent les zones côtières de Phuket. Ils naviguaient de crique en crique à bord de robustes *houseboats* capables d'affronter les mers les plus tourmentées, se nourrissant de coquillages et de soupe de tortue, et faisant collection de perles jusqu'à épuiser les ressources du lieu.

Au XVIe siècle, les premiers Européens débarquèrent à Phuket. Des marchands, néerlandais et portugais d'abord, puis français et britanniques, arrivèrent, attirés par l'industrie de l'étain. Des ouvriers chinois vinrent par milliers lors du boom minier de l'étain dans la seconde partie du XIXe siècle, apportant avec eux leurs traditions culinaires et spirituelles. En se mariant avec les insulaires, ils donnèrent naissance à la culture des Baba à Phuket. À la fin du XIXe et au début du XXe siècle, les Baba construisirent Phuket-ville. Ils érigèrent de grandes demeures mariant les styles portugais et chinois avec de hauts plafonds et des murs épais (pour conserver la fraîcheur). Ces édifices impressionnants – dont beaucoup ont été rénovés et repeints – sont aujourd'hui les principales curiosités de Phuket-ville.

Quant aux amoureux de la plage, ils arrivèrent en masse dans les années 1970, transformant Phuket en l'une des premières destinations balnéaires du monde. Le tourisme prospéra jusqu'au 26 décembre 2004, lorsqu'un tsunami fit 250 victimes à Phuket et près de 5 400 dans toute la Thaïlande. Kamala, sur la côte ouest, fut particulièrement touchée. Les habitants ont néanmoins su rebondir. Aujourd'hui, l'urbanisme se poursuit à un rythme toujours plus soutenu et inquiétant pour l'environnement.

Chao Hai Lam
SANCTUAIRE

9 PLAN P. 36, D4

Au cœur de la vieille ville de Phuket, une façade sino-portugaise aux tons écarlates et aux détails jaune vif donne accès à ce paisible sanctuaire chinois. (ศาลเจ้าไหหลำ, Shui Wei Sheng Niang Shrine ; 18 Th Thalang ; horaires variables)

Thavorn Hotel
BÂTIMENT HISTORIQUE

10 PLAN P. 36, E5

Bâti en 1961 par la famille d'exploitants d'étain sino-thaïlandais Thavorn Wong Wongse, le Thavorn est le premier cinq-étoiles de Phuket. Il est aujourd'hui l'un des plus anciens hôtels en activité. La façade est quelconque, mais l'intérieur est lambrissé et rempli d'objets anciens, pour une plongée dans le passé. Un majestueux escalier en bois s'élève de la vaste réception, où un musée poussiéreux abrite quantité de minuscules jouets, d'instruments de musique, de vieux projecteurs, de photos anciennes et de vieilles coupures de presse. (โรงแรมถาวร ; www.thavornhotel.com ; 74 Th Rassada ; musée 50 B ; musée 7h-17h)

Se restaurer

Suay
THAÏLANDAIS, FUSION $$$

11 PLAN P. 36, D5

La fabuleuse cuisine fusion et les vins raffinés, servis par le grand chef local Noi Tammasak, sont les points forts de cette maison rénovée juste au sud de la vieille ville. Au menu : salades d'aubergines, nouilles de Shanghai au basilic, curry *massaman* à la joue de bœuf braisée, côtes d'agneau grillées à la citronnelle et sauce papaye, etc. Bar à cocktails et menu tapas façon thaïlandaise en projet. (087 888 6990 ; www.suayrestaurant.com ; 50/2 Th Takua Pa ; plats 400-1 000 B ; 17h-23h)

Goûter la cuisine locale

Sur les tables communes massées sous les ventilateurs de l'animée *food court* de **Lock Tien** (plan p. 36, D3 ; angle Th Dibuk et Th Yaowarat ; repas 35-100 B ; 9h-17h), une vaste et alléchante sélection de spécialités de Phuket-ville est proposée. Testez les *popiah sod hokkien* (rouleaux de printemps du Fujian, fourrés aux crevettes ou aux légumes), l'épicée et amère soupe de nouilles *hokkien* ou le *lobha* (joue et abats de porc). Les prix sont très doux.

Kopitiam by Wilai
THAÏLANDAIS $

12 PLAN P. 36, D4

Ce restaurant familial, installé dans une ancienne *shophouse*, invite à savourer une fabuleuse cuisine roborative locale : *pàt tai* épicé à la mode de Phuket, *chai chae* (salade de nouilles au piment) et fabuleux *mee sua* (nouilles sautées avec œuf, légumes verts, crevettes, bar et calamar). À accompagner d'un jus de chrysanthème frais ou de fruits de la passion. Il y a deux adresses (dont une avec clim), de part et d'autre de l'Oldest Herbs Shop (p. 53). (☎ 083 606 9776 ; www.facebook.com/kopitiambywilai ; 14 et 18 Th Thalang ; plats 95-180 B ; ⏱ 11h-17h et 18h30-21h lun-sam ; 📶 👪)

Abdul's Roti Shop

PETIT-DÉJEUNER **$**

13 PLAN P. 36, E4

Goûtez les mythiques et succulents *roti* d'Abdul. Âgé de plus de 75 ans, il prépare ces petites galettes devant son échoppe depuis des lustres. Il offre toute une gamme de préparations, sucrées ou salées, avec des *roti* nappés de banane ou de lait concentré, coiffés d'un œuf frit, ou servis nature avec du poulet épicé, du bœuf ou du poisson façon *massaman*. (Th Thalang ; roti 30-40 B ; ⏱ 7h-16h lun-sam, 7h-13h dim)

One Chun

THAÏLANDAIS **$$**

14 PLAN P. 36, E3

Petit cousin du fameux Raya (p. 46), ce restaurant se distingue seulement par des plats moins chers, d'où son succès auprès des habitants et des Thaïlandais de passage. On y sert une somptueuse cuisine de la mer – le curry de crabe au lait de coco est l'un des meilleurs de Phuket-ville –, mais aussi d'excellents currys rouges de canard rôti et *pàk miang*. Le style *shophouse*, avec sa décoration des années 1950, ses persiennes

Le *food court* de Lock Tien (ci-contre)

DENIS COSTILLE/SHUTTERSTOCK ©

La fête végétarienne

Des détonations résonnent dans la rue et une épaisse fumée brune envahit l'air ; dans les rues barrées pour l'occasion, des gens déambulent, les joues transpercées par des broches, des couteaux, des lampes ou des branches d'arbre. Du sang coule sur leur front ou leur dos lacéré. C'est la **fête végétarienne** (fin sept-oct), une manifestation majeure sur l'île, surtout à Phuket-ville.

Durant les 9 premiers jours du 9e mois du calendrier lunaire chinois, la fête marque le début du carême taoïste, durant lequel les croyants chinois se privent de viande, laitages et alcool. Les processions à travers la ville attirent particulièrement l'attention, notamment les chars d'enfants richement vêtus et de *gà·teu·i* (ou *kàthoey* ; transsexuels, transformistes), les cohortes de jeunes gens arborant des couleurs distinctives et brandissant des drapeaux, ou les hommes et femmes s'adonnant à d'atroces actes d'automutilation.

Pour appeler les 9 empereurs-divinités du taoïsme à descendre sur terre, des médiums entrent en transe, se percent les joues avec des objets tranchants, se cisaillent la langue ou se flagellent avec des boules hérissées de pics. Possédés, ces médiums s'arrêtent devant les autels installés devant les vitrines pour ramasser les offrandes et bénir les boutiques. Une ambiance frénétique, surréaliste... indescriptible.

À Phuket-ville, les festivités se concentrent autour de 5 temples chinois. Vient d'abord celui de **Jui Tui** (p. 39), près de Th Ranong ; puis ceux de **Bang Niew** (ศาลเจ้าบางเหนียว ; Th Phuket ; accès libre ; 8h30-22h) et de **Sui Boon Tong** (ศาลเจ้าซ่ยบ่นต๋อง ; Soi Lorong ; accès libre ; aube-crépuscule). Des événements se déroulent aussi à Kathu (où la fête est née) et à Ban Tha Reua. Au début des processions (vers 6h), vous pourrez peut-être observer le travail de l'équipe (portant des gants en latex) chargée de percer les joues des médiums (âmes sensibles s'abstenir). Citons aussi la marche sur le feu et l'escalade d'une échelle en lames de couteau. Des stands de plats végétariens bon marché jalonnent les rues secondaires.

Selon la communauté chinoise locale, une troupe de théâtre venue à Kathu depuis la Chine, en 1825, serait à l'origine de la fête. Faute d'avoir honoré les 9 divinités du taoïsme, ses membres seraient tombés gravement malades, puis ils auraient fait pénitence durant 9 jours.

Le bureau de la **Tourism Authority of Thailand** de Phuket (plan p. 37, F4 ; TAT ; 076 211036 ; www.tourismthailand.org/Phuket ; 191 Th Thalang ; 8h30-16h30) édite un programme détaillé de la fête.

plats de nouilles, dont le *mèe nam tom poe* (soupe de nouilles *hokkien*) et l'emblématique *mèe pad hokkien* (nouilles jaunes sautées avec un bouillon de porc, crevettes, croquettes de poisson et légumes). (Th Phuket ; repas 50-80 B ; 8h-20h ;)

Torry's Ice Cream Boutique

GLACES **$$**

22 PLAN P. 36, E3

Habitants, expatriés et touristes adorent ce café-glacier logé dans la rue la plus photogénique de Phuket-ville. On y sert des glaces raffinées, des sorbets et des desserts à la mode de Phuket. Le cadre rose pastel, dans une ancienne *shophouse*, est élégant. Café, thé et jus de fruits également au menu. Le sorbet à la carotte et aux fruits de la passion est un délice. (076 510888 ; www.torrysicecream.com ; Soi Romanee ; glaces et desserts 60-200 B ; 11h-18h mar-jeu, 11h-21h30 ven-dim)

Charm

THAÏLANDAIS **$$**

23 PLAN P. 36, C3

Délicieux plats maison – woks de champignons frits, currys de légumes à la noix de coco, currys de crabe rouge, salades épicées à la noix de coco – et mets emblématiques – poisson frit à l'ail, *mŏo hong* – coexistent dans cette charmante "galerie dînatoire" au sein d'une maison sino-portugaise joliment carrelée. Cadre intimiste et service personnalisé. (076 530199 ; www.facebook.com/CharmDeebukPhuket ;

Sŏrng·tăa·ou sur Th Ranong à Phuket-ville

DENISCOSTILLE/ISTOCKPHOTO.COM ©

93 Th Dibuk ; plats 140-450 B ; 11h-22h jeu-mar ;)

China Inn

INTERNATIONAL, THAÏLANDAIS $$

24 PLAN P. 36, D4

Bio et cuisine locale ont rendez-vous dans cette *shophouse* restaurée du tournant du XXe siècle, avec de beaux détails et une cour ponctuée d'hibiscus. Au menu : curry de crabe rouge, poulet au curry *massaman*, salades de fruits de mer épicées, nouilles *hokkien*, miel maison, thé à la menthe fraîche et smoothies. Service et horaires imprévisibles. (076 356239 ; www.facebook.com/chinainnphuket ; 20 Th Thalang ; plats 95-350 B ; 9h-18h mar-dim, en théorie car horaires assez variables ;)

Prendre un verre

Dibuk House

BAR À COCKTAILS

25 PLAN P. 36, D3

Dans une *shophouse* sino-portugaise rénovée, le bar à cocktails le plus couru de Phuket-ville se distingue par ses sols carrelés et ses bougies. Renfort de poids sur la scène locale, l'endroit est sombre et étouffant. Derrière le bar adossé à des miroirs, des experts en gilet préparent de puissants breuvages originaux (250-350 B). Le Wynn de Fleur mêle thé rouge imprégné de gin, aloe vera, citron et jasmin. (086 796 4646 ; www.facebook.com/dibukhouse ; 39/2 Th Dibuk ; 19h-2h)

Shelter Coffee

CAFÉ

26 PLAN P. 36, C3

Récompensé par un prix national, le Shelter concocte l'un des meilleurs cafés de Phuket (55-150 B), dont l'emblématique café infusé à froid (72 heures). Tous les classiques sont joliment présentés, avec des options Aeropress et "grains du jour". À noter aussi les infusions thaïlandaises, les chocolats chauds, les petits-déjeuners servis en continu et les plats thaïlandais (90-160 B). Jardin secret à l'arrière. (www.facebook.com/thesheltercoffeephuket ; 97 Th Dibuk ; 8h30-18h jeu-mar ;)

Bookhemian

CAFÉ

27 PLAN P. 36, D4

Toute ville devrait posséder un lieu comme celui-ci, à la fois café et espace d'exposition avec son cadre mêlant brique et béton sur plusieurs niveaux. On y trouve des livres d'occasion (à vendre), des vélos accrochés aux murs et un roman de Gabriel García Márquez fiché dans la poignée de la porte. Café onctueux (50-90 B), jus de fruits, gâteaux et petit-déjeuner servi en continu (120-150 B). (098 090 0657 ; 61 Th Thalang ; 9h-19h lun-ven, jusqu'à 20h30 sam-dim ;)

Club No 43

BAR À COCKTAILS

28 PLAN P. 36, C4

Les bouteilles de gin Hendrick remplies de roses rouges et le bar en brique parsemé d'objets anciens donnent le ton de ce bar à cocktails expérimental. Des herbes aromatiques thaïlandaises imprègnent plusieurs options (300-380 B), à l'image de l'emblématique "43 Old Town", un breuvage épicé à base de vodka et inspiré du *dôm yam*, le tout servi dans une théière. (099 305 6333 ; www.facebook.com/pg/CLUB-NO43-1495032174131850 ; 43 Th Yaowarat ; 18h-tard ;)

DouBrew

CAFÉ

29 PLAN P. 36, D3

Admirez Soi Romanee en sirotant un café infusé à froid expertement préparé ou un *latte* à l'Aeropress depuis la terrasse arborée de ce café branché, moderne et accueillant, installé dans le hall de la pension de charme RomManee (p. 149) – un sublime bâtiment sino-portugais rénové, avec murs verts, piscine et sols en béton. Les grains proviennent de toute la Thaïlande (cafés 50-120 B). (www.facebook.com/DouBrewCoffee ; Soi Romanee ; 8h-19h lun-sam, 8h-21h dim)

Timber Hut

CLUB

30 PLAN P. 36, D2

Habitants, expatriés et visiteurs se pressent chaque soir depuis 28 ans dans ce pub-club sur deux niveaux, avalant bières et whiskys, en groovant sur les concerts *live* de groupes aux styles aussi variés que le hard rock,

La China Inn (p. 48)

la pop ou le hip-hop. Entrée libre. (118/1 Th Yaowarat ; 18h-2h)

Quip Sky Bar

BAR EN TERRASSE

31 PLAN P. 36, E5

Au 5e étage d'un hôtel de charme minimaliste, avec une voiture rétro garée dans la réception, le premier "*rooftop* bar" de Phuket-ville s'étale sur une vaste terrasse, où les "chaises" (des sortes de filets rigides) se déploient au-dessus d'une piscine peu profonde aux jolis flamants décoratifs. On vient plus ici pour la vue fabuleuse sur la ville et Khao Rang que pour les cocktails (130 B). (076 355052 ; www.quipphuket.com ; 54 Th Phuket ; 17h-minuit ;)

Prohibition

BAR À COCKTAILS

32 PLAN P. 36, C3

Parsemé d'empreintes de mains d'anciens clients, ce bar décontracté appartenant à des expatriés offre une plongée dans la Prohibition des années 1920, avec ses cocktails clandestins (220-270 B), ses *mojitos* au rhum de la baie de Chalong et à la cannelle, ou ses martinis aux fruits – sans oublier la salle "secrète" cachée derrière une bibliothèque. (093 565 6542 ; www.prohibitionphuket.com ; 87 Th Yaowarat ; 17h-minuit mar-dim)

Cue Bar

BAR DES SPORTS

33 PLAN P. 36, F6

DJ, groupes de musique, billards et grands écrans cohabitent dans

Le marché du dimanche soir de Walking St sur Th Thalang (p. 51)

ce bar animé et décontracté, qui permet de croiser habitants, expatriés ou touristes autour d'une Chang fraîche (80 B) ou d'un excellent *mojito* (140 B). (www.facebook.com/CueBarPhuket ; Th Phuket ; 16h-tard)

Ka Jok See

CLUB, BAR

34 PLAN P. 36, D5

Mêlant le charme de la Phuket d'antan et la fabuleuse collection de babioles du propriétaire, cette maison centenaire et intimiste affiche deux visages, à la fois restaurant glamour et lieu de fête délirant. On y sert une bonne cuisine thaïlandaise (buffet 3 000 B/pers), puis, une fois les tables desservies, l'endroit se mue en un espace bohème extravagant offrant une musique d'enfer et (avec de la chance) une folle soirée cabaret. Réservez 1 ou 2 mois à l'avance. (076 217903, 095 428 0493 ; www.facebook.com/kajoksee ; 26 Th Takua Pa ; 20h-1h nov-avr, horaires restreints mai-oct)

Sortir

Bebop

MUSIQUE LIVE

35 PLAN P. 36, D5

Sous l'œil de Boy Navio, l'un des musiciens clés de l'île, le Bebop est l'adresse par excellence pour écouter du jazz de qualité à Phuket. Habitants et expatriés se pressent entre ses murs rouges pour les concerts de 21h30. (www.facebook.com/Bebop-Live-Music-Bar-Restaurant-714269582045888 ; Th Takua Pa ; 14h-minuit ;)

Rockin' Angels

MUSIQUE LIVE

36 PLAN P. 36, C4

Un bar intimiste de Phuket-ville, rempli d'objets liés à la moto et de disques vinyles encadrés. L'ambiance se fait bruyante la plupart des soirs quand Patrick, le propriétaire singapourien, entame un bœuf avec son groupe de blues vers 21h30. La bière est fraîche, et la clientèle autant thaïlandaise qu'expatriée. (089 654 9654 ; www.facebook.com/RockinAngelsCafe ; 55 Th Yaowarat ; 18h-1h mar-dim)

Les marchés authentiques

Pour découvrir le charme de Phuket-ville, perdez-vous au fil de ses marchés. Le **marché du Week-end** (plan p. 36, A1 ; marché de Naka ; près de Th Chao Fa West ; 16h-22h sam-dim) est le plus grand, mais celui du dimanche soir de **Walking St** (plan p. 36, D4 ; Th Thalang ; 16h-22h dim), au cœur de la vieille ville, est plus évocateur et mieux fourni en produits locaux. L'**Indy Market** (plan p. 37, F3 ; Limelight Ave ; plats 30-100 B ; 16h-22h30 mer-ven) est apprécié des habitants, comme le **marché de jour de Thanon Ranong** (plan p. 36, C5 ; Th Ranong ; plats à partir de 35 B ; 5h-12h) pour ses produits frais.

Shopping

Ranida

OBJETS ANCIENS, MODE

37 PLAN P. 36, E4

Une élégante galerie et boutique d'antiquités vendant bouddhas et sculptures, textiles bio et vêtements pour femmes haut de gamme inspirés d'habits et de tissus thaïlandais vintage. (119 Th Thalang ; 10h-20h lun-sam)

Drawing Room

ART

38 PLAN P. 36, E4

Avec son ambiance évoquant le street art du Brooklyn d'avant la gentrification, cette immense coopérative est, de loin, la galerie la plus intéressante d'une ville richement dotée en la matière. Les œuvres vont du dessin humoristique à l'encre à l'art abstrait, dans le registre graffiti, batik ou sculpture sur bois. Des Meubles métalliques, des vélos et des motos jonchent les sols en ciment, avec de la *house* en fond sonore. (www.facebook.com/DrawingRoomPhuket ; 56 Th Phang-Nga ; 9h30-18h)

Pink Flamingo

MODE ET ACCESSOIRES

39 PLAN P. 36, D3

Logée dans un vieux bâtiment joliment restauré, avec son élégante porte voûtée, cette "boutique concept tropicale" met à l'honneur tissus vaporeux, couleurs vives, robes brodées à la main, kaftans et accessoires de Bali. Le bar-restaurant à l'étage sert tapas, salades et pâtes (105-345 B) au milieu de splendides

Le centre commercial Central Festival (p. 53)

SHEMYAKINA TATIANA/SHUTTERSTOCK ©

fresques murales sur le thème du flamant rose. À suivre sur Instagram @pinkflamingophuket. (39/12 Th Yaowarat ; 10h-20h)

Ban Boran Textiles TISSUS

40 PLAN P. 36, C4

Les rayonnages de cette minuscule boutique de mode débordent de foulards en soie de qualité, objets laqués du Myanmar, sarongs, chemises en lin et articles en coton de Chiang Mai, ou tissus fabriqués par des minorités d'Asie du Sud-Est. (51 Th Yaowarat ; 10h30-18h30 lun-sam)

Oldest Herbs Shop SANTÉ ET BIEN-ÊTRE

41 PLAN P. 36, D4

Impossible de rater les arômes de la plus ancienne herboristerie de Phuket quand on flâne dans Th Thalang. Venez acheter des remèdes chinois ou voir préparer les confections, pesées sur une antique balance, dans ce commerce centenaire tenu en famille depuis trois générations. (Th Thalang ; 8h-18h)

Art Room Phuket ART

42 PLAN P. 36, C4

Plongez dans un espace sur plusieurs niveaux recelant d'audacieuses et puissantes peintures à l'huile d'inspiration locale illustrant des sujets brûlants comme l'expansion urbaine, la pollution des océans et la pénurie d'eau, ainsi que quelques aquarelles délicates de Phuket-ville. (29 Th Yaowarat ; 10h-17h)

Central Festival CENTRE COMMERCIAL

43 PLAN P. 36, A4

À l'ouest de la ville, le principal centre commercial de Phuket regorge de marques internationales comme Zara, Mango, Boots et H&M, ainsi que des *food courts*, boutiques d'électronique, etc. Ce géant climatisé est aussi doté d'un cinéma. (www.centralfestivalphuket.com ; 74-75 Th Wichitsongkran ; 10h30-22h)

Wua Art Gallery & Studio ART

44 PLAN P. 36, D4

Cette *shophouse* intrigante abrite les toiles de son propriétaire, l'artiste M. Zen (suivez son travail sur Instagram @mrzenn), aux tons gris égayés de touches de couleur. Il y a surtout des portraits abstraits ou des représentations minimalistes de créatures mythiques. (096 635 5984 ; www.wua-artgallery.com ; 50 Th Phang-Nga ; 9h30-21h30)

Southwind Books LIVRES

45 PLAN P. 36, D4

Parcourez les allées poussiéreuses du lieu pour trouver des livres de poche d'occasion à petits prix dans plusieurs langues, dont l'anglais, le français et l'allemand. (089 724 2136 ; www.facebook.com/SouthWindBooks ; 3-9 Th Phang-Nga ; 9h-22h lun-sam)

Vaut le détour

Laem Phanwa

Langue tapissée de jungle s'avançant dans la mer au sud de Phuket-ville, Laem Phanwa (แหลมพันวา) offre un retour à la nature. Certains affirment qu'il s'agit de l'ultime vestige de la Phuket d'antan. La plus importante zone d'activité se trouve près du port, à la pointe du cap. De part et d'autre du port, plages et criques demeurent rustiques, à l'abri de promontoires rocheux et de mangroves ; on y accède par une route côtière sinueuse et arborée.

Des *sŏrng·tăa·ou* (camionnettes avec banquettes) circulent entre Th Ranong, à Phuket-ville, et Laem Phanwa de 8h à 17h30 (30 B) ; le dernier arrêt est l'aquarium de Phuket.

Un taxi depuis/vers Phuket-ville coûte 400 B.

Couchers de soleil et cocktails

Jouissant d'une vue sublime sur les îles de la mer d'Andaman et bordé de piscines scintillantes, le **Baba Nest** (☎076 371000 ; www.babaphuket.com ; Sri Panwa, 88 Mu 8, Th Sakdidej ; 17h-21h ; wi-fi), un bar-lounge avec toit-terrasse, est un lieu magique – idéal pour admirer le coucher du soleil –, avec ses cocktails classiques expertement préparés (500-1 000 B) et ses tapas d'inspiration mexicaine (350 B). Réservez plusieurs semaines à l'avance (à condition de dépenser au moins 2 000 B).

Pause douceur

Le **Cool Spa** (☎076 371000 ; www.coolspaphuket.com ; Sri Panwa, 88 Mu 8, Th Sakdidej ; soin à partir de 4 500 B ; 10h-21h) est un havre élégant parmi les meilleurs spas de Phuket. Délicats carrelages azurés, piscines à flanc de colline donnant sur l'océan, salles de soin avec chutes d'eau, enveloppements à base de fruits, soins du visage et gommages, le tout dans un cadre idyllique à l'extrême sud de Laem Phanwa. Les soins combinent des techniques thaïlandaises, indiennes, balinaises et suédoises ; les massages thaïlandais se font de manière classique, sur un matelas à même le sol.

Aquarium de Phuket

Offrez-vous un aperçu du merveilleux monde sous-marin de Thaïlande au populaire **aquarium** de Phuket (photo à gauche ; สถานแสดงพันธุ์สัตว์น้ำภูเก็ต ; ☎076 391406 ; www.phuketaquarium.org ; 51 Th Sakdidej ; adulte/enfant 180/100 B ; 8h30-16h30 ; P), près du port, à l'extrémité de Laem Phanwa. S'il n'abrite pas la plus vaste collection de créatures marines du monde, il dispose de panneaux et de légendes en anglais fort utiles. Saluez le requin à pointes noires, le poisson-chat tigre, l'anguille électrique (tension : 600 volts), et l'Aqua Dome, un centre de projection multimédia (budget 80 millions de bahts), inauguré en 2018.

★ À savoir

- Laem Phanwa est l'endroit où se réfugier quand on veut fuir le reste de Phuket ; ne vous attendez pas à y trouver quantité de divertissements.
- Si votre budget le permet, allez siroter un verre au splendide Baba Nest (réservez à l'avance), l'un des lieux les plus exquis de l'île pour admirer le coucher du soleil.
- À l'extérieur de l'aquarium de Phuket, prenez un *long-tail boat* pour une île comme Ko Bon ou Coral Island. Le tarif dépendra de votre capacité à négocier.

Une petite pause ?

Des restaurants de fruits de mer vous attendent sur la promenade du port, où l'on peut regarder passer les bateaux de pêche ; sinon, ralliez l'un des excellents restaurants du *resort* de Sri Panwa (p. 150).

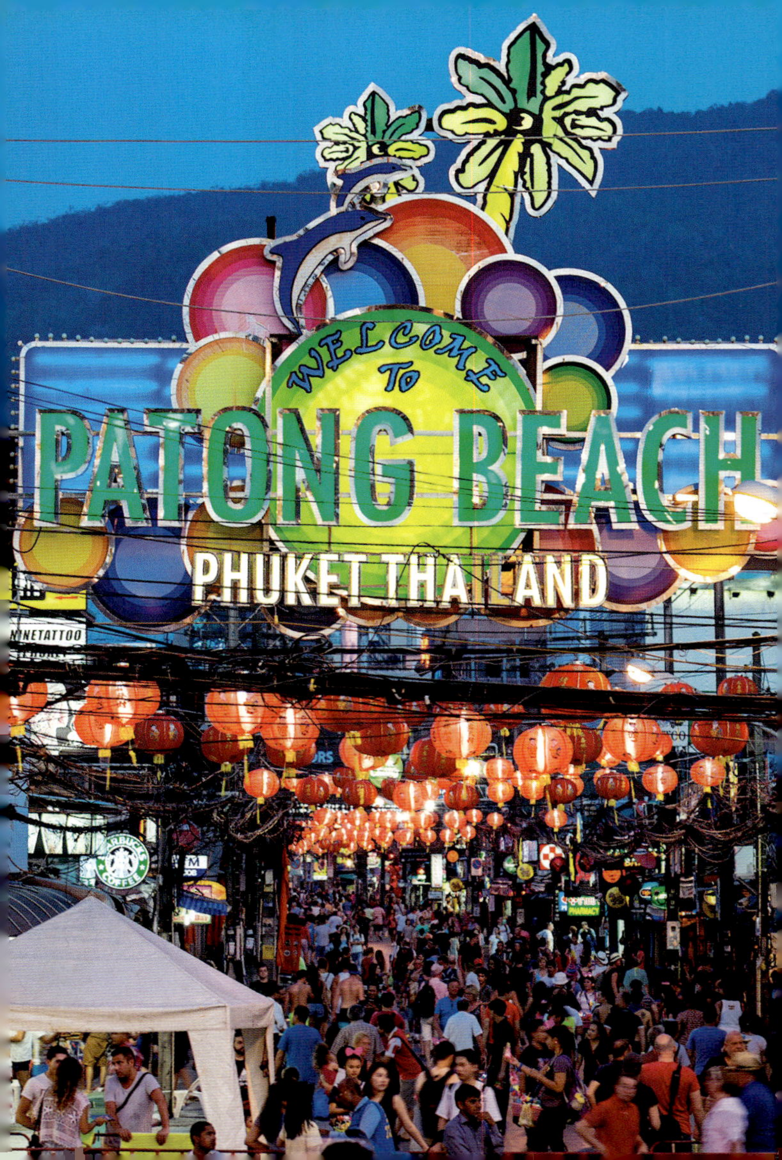
WELCOME TO
PATONG BEACH
PHUKET THAILAND
STARBUCKS COFFEE
PHARMACY

Explorer

Hat Patong

Concentrant les caractéristiques les plus affligeantes du tourisme de masse, la festive Patong (ป่าตอง) offre un cocktail d'urbanisme sauvage, de go-go bars et de vendeurs insistants, assorti d'une touche résolument sordide. Pourtant, des milliers de touristes investissent massivement ses clubs, ses restaurants et ses plages de sable blanc – Patong est la plage la plus prisée de l'île. C'est aussi l'épicentre de la scène LGBT+ de Phuket et un lieu incontournable pour faire la fête.

En bref

- ***Gastronomie succulente (p. 65)*** *Une plongée dans la scène culinaire de Patong.*
- ***Clubs (p. 70)*** *La fête jusqu'à l'aube dans les méga-clubs de Phuket, réputés mondialement.*
- ***Hat Freedom (p. 62)*** *Une escapade sur cette plage de sable soyeux pour comprendre d'où vient le succès de Patong.*
- ***LGBT+ (p. 70)*** *Un verre, quelques pas de danse et une soirée cabaret au cœur de la scène LGBT+ de l'île.*
- ***Tournée des bars (p. 58)*** *Une flânerie au fil des bars les plus décontractés de Patong.*

Depuis/vers Hat Patong

Comptez 800 B depuis/vers l'aéroport.

Le Phuket Smart Bus dessert l'aéroport (150 B, ttes les heures), les plages de la côte ouest et Rawai. Bus (30 B) et minibus (50 B) depuis/vers le Terminal 1 de Phuket-ville (7h-17h).

Sŏrng·tăa·ou Des camionnettes de passagers circulent depuis/vers Phuket-ville (30 B, 7h30-18h).

Plan de Hat Patong p. 60

Hat Patong (p. 65) le jour de l'An chinois JOEY SANTINI/SHUTTERSTOCK ©

Promenade à pied

Tournée des bars et des stands d'en-cas à Patong

Impossible pour les fêtards qui séjournent à Phuket de faire l'impasse sur Patong. Une soirée ici implique inévitablement Th Bangla, qui se transforme le soir en une véritable foire à ciel ouvert. Cette balade englobe quelques-uns des établissements les moins sordides. Quelques bars bon enfant subsistent même çà et là.

La promenade

Départ Nicky's Handlebar

Arrivée Molly's Tavern

Distance 2 km

Durée 6 heures

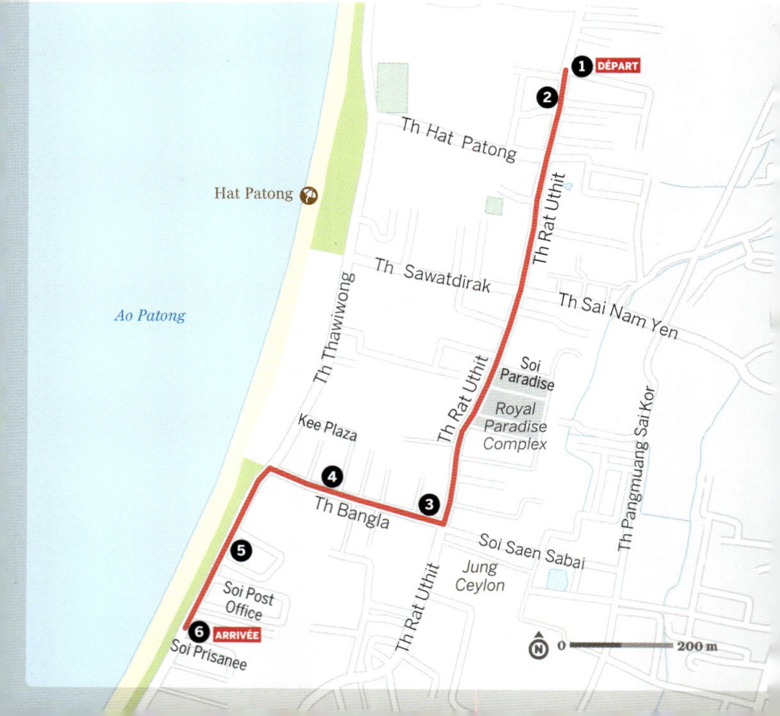

❶ Nicky's Handlebar

Commencez la soirée au **Nicky's Handlebar** (☎084 824 7777 ; www.nickyhandlebars.com ; 41 Th Rat Uthit ; ⏲7h-1h ; 📶), un repaire de motards installé de longue date qui se targue de servir les burgers les plus épicés de Thaïlande ; tant que vous êtes là, renseignez-vous sur les grisants circuits en Harley.

❷ Patong Food Park

Flânez vers le sud dans Th Rat Uthit, la rue principale de Patong, au fil des restaurants de fruits de mer et des stands de nouilles. Près du croisement avec Th Hat Patong, vous trouverez le Patong Food Park, un établissement alliant cuisine bon marché et chaises en plastique. Toujours animé, c'est le lieu idéal pour déguster poisson frais, crabe, homard, *satay*, rôti de porc, poulet vapeur et *sôm·đam* (salade de papaye verte) en vue d'une longue soirée.

❸ Thanon Bangla

Continuez vers le sud, puis prenez à droite (à l'ouest) dans **Th Bangla**. Pour beaucoup de visiteurs, Th Bangla est l'incarnation absolue de Patong : go-go bars, ping-pong *shows* et débauche jusqu'à l'aube, avec le mélange habituel de danseuses thaïlandaises à la mine lasse et d'Occidentaux au visage rougi par le soleil. Pour d'autres, c'est un lieu à découvrir le temps d'une soirée avant de se replier en hâte dans son hébergement.

❹ Aussie Bar

Fendez la foule vers l'ouest en direction de Hat Patong. L'**Aussie Bar** (www.phuketaussiebar.com ; 9/1 Th Bangla ; ⏲9h-3h ; 📶) est une bonne option si vous n'en pouvez plus du cirque de Th Bangla ; faites une partie de billard ou suivez un match de football, rugby, tennis ou cricket sur écran géant.

❺ Wine Connection

Frayez-vous un passage parmi les rabatteurs des clubs jusqu'à l'extrémité ouest de Th Bangla. Prenez à gauche (au sud) dans Th Thawiwong pour rallier le **Wine Connection** (☎076 510622 ; www.wineconnection.co.th ; 1er ét., Banana Walk, Th Thawiwong ; ⏲12h-minuit), né à Bangkok, pour profiter de vins, pâtes, pizzas et plateaux de charcuterie ou de fromage abordables sur la terrasse, située de l'autre côté de la route par rapport à la plage.

❻ Le plus ancien pub de Phuket

Un peu plus loin au sud, le **Molly's Tavern** (☎086 911 6194 ; www.mollysphuket.com ; 94/1 Th Thawiwong ; ⏲10h-2h), le plus ancien pub de Phuket, affiche une mine rajeunie après une rénovation et un changement de nom. Remplie de billards et d'écrans TV diffusant des matchs, cette chaleureuse taverne s'anime avec ses happy hours quotidiennes de 10h à 18h, ses concerts à 21h30 du mardi au samedi et sa cuisine de pub roborative.

A
B
C
D
E
F
1
2
3
4
0
500 m
Nos adresses
Découvrir p. 62
Se restaurer p. 65
Prendre un verre p. 70
Sortir p. 72
Shopping p. 72
Mer d'Andaman
Ao Patong
Hat Kalim (600 m)
Th Phra Barami
Temple de la Bonne Fortune
8
11
20
Th Phra Barami
13
31
30
17
10
4029
4055
Th Thawiwong
Th Chaloem Phra Kiat
5 Nicky's Handlebar
15
Th Hat Patong
Th Rat Uthit
Th Phra Metta
19
16
Th Sawatdirak
6 Swasana Spa
Th Sai Nam Yen
9 Hat Patong
Soi Paradise
24
22
23
25
Th Thawiwong
Royal Paradise Complex
21
Th Bangla

Soi Permpong Pattana 2
Soi Permpong Pattana 3
SoiPost Office
18
Pum Thai Cooking School
4
32
29
Soi Saen Sabai
Jung Ceylon
Let's Relax
7
Soi Kepsap
Th Rat Uthit
Soi 1
Sŏrng·tăa·ou et bus locaux vers Phuket-ville
Th Ruamchai
Soi Rat Uthit
Th Nanai
Sea Bees
3
Th Thawiwong
14
Th Prachanukro
1
12
28
4055
27
Th Muen-Ngern
Th Phra Metta
Th Nanai
26
Th Sirirach
2
A
B
C
D
E
F
5
6
7
8

Découvrir

Hat Freedom

PLAGE

1 PLAN P. 61, A7

Si Patong finit par vous oppresser, réfugiez-vous sur cette paisible plage de sable blond léchée par une eau turquoise, à 15 minutes (1 500 B aller-retour) en *long-tail boat* au sud de Hat Patong en contournant le cap. Elle est aussi accessible au prix d'une marche éprouvante depuis le parking situé à 900 m au sud de l'Avista Hideaway Resort, après l'extrémité sud de Patong (le chemin est parfois fermé). (ชายหาดเสรีภาพ)

Arnaques au Jet-Ski

Si vous louez un Jet-Ski, en particulier à Hat Patong, méfiez-vous des escroqueries. Très souvent, au retour du véhicule, les propriétaires affirment que celui-ci a été abîmé, alors que les dégâts étaient préexistants. Des touristes rapportent fréquemment des tentatives d'extorsion de fonds, des menaces physiques, et même des interventions de la police, qui serait une prétendue complice de l'escroquerie. Pour éviter ces désagréments, insistez pour inspecter le Jet-Ski avant de le louer et n'hésitez pas à prendre des photos.

Sea Fun Divers

PLONGÉE

2 PLAN P. 61, C8

Basé à l'hôtel Méridien, après l'extrémité sud de Patong, ce centre de plongée (un peu cher) offre des prestations professionnelles, un service irréprochable et des moniteurs chevronnés. Les amateurs de snorkeling se joindront aux sorties de plongée d'une journée pour 2 900 B. Brevet PADI Open Water (18 400-21 400 B). (☎081 367 4542 ; www.seafundivers.com ; 29 Soi Karon Nui ; plongée 2/3 descentes 3 900/4 400 B ; ⏲9h-18h)

Sea Bees

PLONGÉE

3 PLAN P. 61, A6

Une excellente école de plongée gérée par des Allemands. Au programme : plongées à Ko Phi Phi et à Ko Raya, brevet Open Water (3 jours, 15 000 B) et croisières-plongées aux îles Similan (à partir de 18 900 B). Les amateurs de snorkeling pourront se joindre aux sorties de plongée (2 400 B). Plusieurs enseignes à Phuket, notamment à **Hat Nai Yang** (☎076 327006 ; www.sea-bees.com ; Slate, 116 Mu 1, Hat Nai Yang ; plongée 2 descentes 3 500 B ; ⏲horaires variables), et à Khao Lak. (☎076 381705 ; www.sea-bees.com ; Amari Phuket, 2 Th Muen-Ngern ; plongée 2 descentes 3 800 B ; ⏲9h-18h)

Pum Thai Cooking School

CUISINE

4 PLAN P. 61, D5

À la fois restaurant et école de cuisine, cet établissement (présent en Thaïlande, en France et au Royaume-Uni) organise chaque jour des cours de cuisine en petits groupes. Très prisée, l'option "Little Wok" (4 heures ; 2 400 B) inclut une visite du marché et un livre de cuisine à rapporter chez soi ; sinon, vous pouvez choisir d'apprendre à préparer un plat en 30 minutes (500 B). (076 346269 ; www.pumthaifoodchain.co.th ; 204/32 Th Rat Uthit ; cours 3/5 heures 1 700/3 700 B ; cours 11h, 16h et 18h)

Nicky's Handlebar

AVENTURE

5 PLAN P. 60, E2

Ces bêtes de route sont prêtes à mordre le bitume mais elles ne sont pas faites pour les amateurs. Nicky organise des circuits en Harley-Davidson dans la région de Phuket depuis plus de 10 ans. Des itinéraires de 2 jours sont proposés dans les provinces de Phang-Nga et de Ranong. Location de Harley-Davidson en solo (à partir de 4 800 B). Vous devrez présenter votre permis moto. (084 824 7777 ; www.nickyhandlebars.com ; 41 Th Rat Uthit ; circuit 1/2 jours avec location de moto à partir de 9 000/21 000 B ; 7h-1h)

Hat Patong (p. 65)

Tiger Kingdom

Inauguré en 2013 à Phuket, le très controversé "royaume des tigres" offre à des centaines de visiteurs par jour l'occasion de caresser et de nourrir des tigres "domestiqués", petits ou adultes, ou de poser à leurs côtés avec émotion.

Comme pour d'autres activités axées sur les tigres en Thaïlande, le bien-être des animaux (mais également la sécurité des humains) soulève de vives inquiétudes ; on signale régulièrement le mauvais traitement des animaux, confinés dans des cages exiguës et drogués afin de s'assurer leur docilité. Comme le tristement célèbre "temple des tigres" de Kanchanaburi, fermé en 2016, à la suite d'accusations de possession et de trafic illégaux d'animaux, le Tiger Kingdom réfute toute allégation de maltraitance subie par les félins.

En 2014, un touriste australien a été gravement mutilé en visitant le Tiger Kingdom. Le tigre concerné a été immédiatement "mis à la retraite".

Lonely Planet déconseille donc vivement la visite des lieux.

Swasana Spa

SPA

6 PLAN P. 60, D3

Ce spa quatre étoiles très prc est installé sur le sable, au sein de l'**Impiana Resort Patong** (d avec petit-déj 7 400-23 600 B ; P ❄ ᯤ 🏊), vers l'extrémité nord de Hat Patong, un peu plus calme. Le massage thaïlandais traditionnel (1 500 B) est la formule la plus intéressante, mais il existe aussi une pléthore d'enveloppements, de gommages et de soins du visage. Vous serez installé sur une natte, dans un cube en verre avec vue sur l'océan. (☎076 340138 ; www.impiana.com ; Impiana Resort Patong, 41 Th Thawiwong ; massages ou soins 1 500-6 900 B ; ⏲10h-19h)

Let's Relax

SPA

7 PLAN P. 61, F5

Dans ce centre de bien-être présent dans tout le pays, le calme feutré de l'atrium, où flotte un parfum d'eucalyptus, est idéal pour établir son programme de soins. Une séance de réflexologie plantaire, suivie d'un gommage corporel aux fleurs ? ou un bain de vapeur aux herbes thaïlandaises, un massage corporel aux pierres chaudes et un massage facial ? ou le forfait Day Dream d'une demi-journée (4 000 B) ? (☎076 366800 ; www.letsrelaxspa.com ; 184/14 Th Pangmuang Sai Kor ; massages ou soins 300-4 000 B ; ⏲10h-minuit)

Temple de la Bonne fortune

SANCTUAIRE

8 PLAN P. 60, E1

Logée sur un rond-point et ornée de rubans aux couleurs de l'arc-en-ciel, cette superbe statue de Bodhisattva en or est gardée par des éléphants sculptés et agrémentés de fleurs, d'encens et de bougies, avec la mer en arrière-plan. Un cadre agréable pour se connecter au divin, ou simplement faire un vœu et profiter du bruit… de la circulation. (ศาลเจ้าโชคดี ; angle Th Thawiwong et Th Phra Barami)

Hat Patong

PLAGE

9 PLAN P. 60, D4

Cette large plage de sable blanc n'a rien du paysage idyllique de carte postale. Pourtant, elle reste prisée et très animée, avec ses chaises longues, ses parasols et ses multiples activités nautiques. (หาดป่าตอง)

Wat Suwan Khiri Wong

TEMPLE BOUDDHIQUE

10 PLAN P. 60, F2

Ce sanctuaire légèrement envahi par la végétation, proche de Th Phra Barami, à l'extrémité nord-est de Patong, offre un havre de paix bienvenu après le chaos extérieur. Contrairement aux temples plus touristiques de Phuket, il est peuplé de coqs et de chiens assoupis, et ses portes sont généralement fermées. Le toit étagé du crématorium est magnifique. (วัดสุวรรณคีรีวงศ์ ; angle Th Phra Barami et Th Phisit Karani ; entrée libre ; aube-crépuscule)

Se restaurer

Acqua

ITALIEN, SARDE **$$$**

11 PLAN P. 60, D1

Dans le meilleur restaurant italien de Phuket, doté d'un cadre élégant et monochrome, commandez une *focaccia* maison, une crémeuse mozzarella au lait de bufflonne ou des *cappelletti* maison fourrés au potiron dans une délicate sauce au gorgonzola. Des expertes pizzas et pâtes aux sensationnels fruits de mer, la cuisine du chef sarde Alessandro Frau est ultrasophistiquée. La plupart des produits viennent d'Italie, et la carte des vins compte plus de 400 crus. (076 618127 ; www.acquarestaurantphuket.com ; 324/15 Th Phra Barami, Hat Kalim ; plats 400-2 000 B, menu dégustation 8 plats 2 500-3 500 B ; 17h-23h mi-juin à fin mai ; P)

Ta Khai

THAÏLANDAIS **$$$**

12 PLAN P. 61, A7

Inspiré d'un village de pêcheurs traditionnel (bassin de lotus, pavillon vitré) et orchestré par des chefs de la province de Chang, ce restaurant de cuisine du Sud, au sein du **Rosewood** (villa avec petit-déj 24 000-59 600 B ; P), est un must de la scène culinaire locale. *Sôm·đam* (salade de papaye) pilonné devant vous, currys de légumes verts, rouleaux de printemps façon Phuket, currys jaunes au crabe et *mŏo hong* (porc braisé au poivre et à l'ail) idéalement épicés, et cocktails aux herbes maison. (☎076 356888 ; www.rosewoodhotels.com ; Rosewood Phuket, Th Muen-Ngern, Hat Tri-Trang ; plats 290-900 B, menus dégustation 950-2 200 B ; 18h-minuit ; P wifi)

No 9 2nd Restaurant ASIATIQUE, INTERNATIONAL $$

13 PLAN P. 60, E1

D'une simplicité trompeuse avec ses tables en bois et ses murs ornés de photos, ce restaurant est l'un des plus inventifs et animés de Patong, grâce à sa belle sélection de plats thaïlandais, japonais et occidentaux. On y sert d'authentiques sushis, des currys thaïlandais végétariens et des plats de viande comme le jarret d'agneau, le tout de qualité – un exploit rare. (☎076 624445 ; 143 Th Phra Barami ; plats 165-800 B ; 11h30-23h30)

Rustic Eatery & Bar MÉDITERRANÉEN $$$

14 PLAN P. 61, C6

Cet élégant restaurant logé sous un auvent de bambou, à la pointe sud de la plage de Patong, est très prisé. Au menu : excellentes pizzas, bons plats méditerranéens (mais chers) et service délicat. Commandez une salade inventive, des pâtes de la mer ou un burger raffiné, notés en couleur sur l'ardoise, ou un bon petit-déjeuner de pancakes, omelette et salades de fruits. (☎076 344776 ; Th Thawiwong ; plats 250-850 B ; 8h-22h mar-dim ; wifi)

Chicken Rice Briley THAÏLANDAIS $

15 PLAN P. 60, E3

Le Briley, l'un des rares restaurants du **Patong Food Park** (plats 50-200 B ; 16h30-minuit) ouverts en journée, est souvent animé. On y sert du blanc de poulet vapeur servi sur du riz, accompagné d'un bouillon de poulet aux morceaux de viance et d'une sauce au piment fabuleuse. Le rôti de porc vapeur et le riz gluant à la mangue sont également prisés. (Th Rat Uthit, plats 50-200 B ; 6h-21h)

Georgia Restaurant GÉORGIEN $$

16 PLAN P. 60, E3

L'afflux de touristes russes à Patong s'est accompagné d'une multiplication des restaurants dédiés à leurs besoins. Le Georgia est réputé, avec ses salades russes et ses raviolis chinois fumants, son délicieux *khachapuri* (pain au fromage), son *ajapsandali* (ragoût végétarien) et ses spécialités d'Europe de l'Est comme la *solyanka* (soupe épicée et amère). (☎076 390595 ; www.facebook.com/restaurantgeorgia ; 19 Th Sawatdirak ; plats 200-400 B ; 12h-23h30 déc-mars, 12h-21h30 avr-nov ; wifi)

Kaab Gluay

THAÏLANDAIS $$

17 PLAN P. 60, F1

À l'extrémité nord de la ville, ce restaurant animé et semi-ouvert en bordure de la route fait recette avec sa cuisine thaïlandaise authentique et abordable. Le personnel est branché et le décor sans prétention, avec une vaste toiture et des ventilateurs au plafond. Crevettes au curry rouge, brochettes (*satay*) de poulet, poisson sauce aigre-douce, poulet frit au miel, classiques nouilles et légumes sautés (*stir-fries*) et quantité de salades thaïlandaises. (076 346832 ; 58/3 Th Phra Barami ; plats 135-250 B ; 11h-2h ;)

Ella

INTERNATIONAL, PETIT-DÉJEUNER $$

18 PLAN P. 61, D5

Ce café-bistrot en béton apparent, de style industriel, est une bonne surprise au détour d'une rue légèrement chaotique. On y sert en continu d'inventifs petits-déjeuners, composés notamment d'œufs brouillés à la mode du Rajasthan (épicés), tacos de poulet *massaman*, omelettes aux légumes et pain perdu à la banane caramélisée. Le soir, il se change en plaisant bar à cocktails (220-300 B). (076 344253 ; www.theellagroup.org ; 100/19-20 Soi Post Office ; plats 150-400 B ; 7h-minuit ;)

Baan Rim Pa (p. 69)

Tourisme sexuel

Le tourisme sexuel est, depuis longtemps, très vivace en Thaïlande. C'est aujourd'hui une industrie qui s'adresse ostensiblement aux touristes étrangers – héritage de l'époque de la guerre du Vietnam. En dépit des mesures répressives prises par le gouvernement à l'encontre de la corruption depuis 2014, et de la condamnation publique par l'organe officiel du tourisme thaïlandais, le tourisme sexuel reste très visible à Phuket, en particulier à Patong.

Sous la pression des Nations unies, la Thaïlande a déclaré la prostitution illégale en 1960. Hélas, les lois visant cette activité sont souvent ambiguës, non appliquées et, selon EMPOWER (une ONG engagée auprès des prostituées), obsolètes. En outre, les interdictions afférentes ont eu pour conséquence la création d'un environnement de travail dépourvu d'encadrement légal. Le travail du sexe est devenu le pré carré de réseaux criminels souvent impliqués dans d'autres activités illicites, qui contournent les lois par l'attribution de pots-de-vin et par la violence.

Selon un rapport publié par Onusida en 2014, on compte quelque 123 530 travailleurs du sexe en Thaïlande, sans salaire minimum, congés payés, arrêts maladie ou pauses, et sans cotisations en matière de sécurité sociale ou d'assurance médicale – sans parler de recours judiciaire. Les patrons de bars instaurent leurs propres règles coercitives, infligeant des amendes aux prostituées pour une attitude, un retard, un kilo en trop ou si elles ne remplissent pas leurs quotas de consommations.

À en croire le rapport d'Onusida, 40% des travailleurs du sexe en Thaïlande seraient mineurs ; il s'agirait surtout de garçons. Selon l'organisme Ecpat (ONG contre l'exploitation sexuelle des enfants), en 2011, on dénombrait plus de 60 000 enfants dans les bars de prostitution thaïlandais – estimations cependant sujettes à variations. En 1996, la Thaïlande a voté une loi censée juguler la prostitution enfantine. Amendes et peines de prison punissent les clients, les propriétaires d'établissements et même les parents compromis. Jadis, seuls les prostitués étaient reconnus coupables. Nombre de pays ont adopté une législation extraterritoriale afin de poursuivre leurs ressortissants pour des crimes sexuels perpétrés en Thaïlande.

Les voyageurs peuvent signaler des comportements suspects via des hotlines spécialisées (☎1178) ou dénoncer les contrevenants aux ambassades concernées ; la Thaïlande encourage activement les visiteurs à le faire à travers des campagnes de communication.

Naughty Nuri's in the Forest

TRAVERS DE PORC **$$**

19 PLAN P. 60, E3

Les amateurs de viande se massent dans ce vaste espace d'une chaîne balinaise, semi-ouvert et sur plusieurs niveaux, assorti de lampes en rotin. Commandez les emblématiques travers de porc au barbecue (1 995 B) – même si le cochon de lait relevé vaut aussi le détour, sans oublier la carte de plats indonésiens et internationaux avec son *nasi goreng* végétarien. (061 173 0011 ; www.facebook.com/nnphuket ; 112 Th Rat Uthit ; plats 250-2 000 B ; 12h-minuit)

Puissance 4

Le jeu Puissance 4 semble un passe-temps plutôt inoffensif pour qui entre dans un bar de Th Bangla, à Patong. On commence par disputer une ou deux parties moyennant quelques centaines de bahts, en sirotant une ou deux bières. Toutefois, sachez que votre adversaire est un as à ce jeu. Il remportera la partie en quelques coups – partie après partie. Alors méfiez-vous et oubliez peut-être les jeux de société pour quelque temps.

La Gritta

ITALIEN **$$$**

Bénéficiant d'un emplacement spectaculaire, cet élégant restaurant italien (voir 3 Plan p. 61, A6) sert de généreuses rations de pâtes délicieusement crémeuses, de bonnes pizzas et des plats de viande ou de poisson, comme le bœuf australien et le vivaneau frit au citron et au vin. Avec ses alcôves, sa vue sublime sur la plage et sa terrasse au-dessus des rochers à l'extrémité sud de Hat Patong, l'endroit est idyllique pour admirer le soleil couchant en sirotant un *mojito* au rhum de la baie de Chalong. (076 290967 ; www.lagritta.com ; Amari Phuket, 2 Th Muen-Ngern ; plats 390-1 300 B ; 10h30-23h30 ;)

Sala Bua

FUSION **$$$**

Savourez une cuisine fusion, mâtinée d'influences asiatiques et méditerranéennes, dans un élégant *resort* quatre étoiles en bord de mer (voir 6 Plan p. 60, D3). Commencez avec une salade Caesar au saumon fumé ou une salade aux légumes grillés, à l'avocat et à la langouste, et continuez avec une pizza au feu de bois, des spaghettis aux fruits de mer ou un curry revisité. (076 340138 ; www.impiana.com ; Impiania Resort Patong, 41 Th Thawiwong ; plats 250-650 B ; 11h-23h)

Baan Rim Pa

THAÏLANDAIS **$$$**

20 PLAN P. 60, D1

Dans cette élégante institution perchée, on déguste une cuisine thaïlandaise raffinée, avec une vue spectaculaire sur les rochers à l'extrême nord de Patong. Le standing est haut de gamme (et les prix en conséquence),

Phuket Pride et Phuket LGBT+

Même s'il existe de grandes fêtes homosexuelles à Bangkok et à Pattaya, le **Phuket Gay Pride Festival** (www.phuket-pride.org ; avr) est considéré par beaucoup comme la meilleure de Thaïlande, voire même de toute l'Asie du Sud-Est. Les dates ont changé plusieurs fois depuis la première édition en 1999 (avec même une pause en 2018), mais la fête se déroule généralement en avril. Elle attire des noceurs du monde entier, principalement des hommes, à Patong en particulier.

La fête dure 4 jours, centrés sur un week-end. Elle est rythmée par diverses manifestations, dont un tournoi de beach-volley, des croisières vers les îles voisines, des concours de beauté et, bien sûr, la grande parade de Patong, avec ses chars, ses magnifiques costumes et sa foule enjouée. Ces dernières années, elle a été l'occasion de collectes de fonds et de campagnes de sensibilisation sur les thèmes du sida, de la lutte contre la prostitution enfantine et contre l'abus de substances illicites.

Le reste de l'année, le cœur de la scène LGBT+ de Phuket bat au **Royal Paradise Complex** de Patong, le réseau de rues qui relie le Royal Paradise Hotel à Th Rat Uthit. On y trouve surtout des hommes.

Utopia (www.utopia-asia.com) poste une foule d'informations sur la Thaïlande et publie un guide pour les voyageurs LGBT+. Pour les dernières infos sur la scène gay de Phuket, consultez Gay Patong (www.gaypatong.com).

avec une ambiance romantique tout en bougies et mélodies au piano. Réservez tôt. Autre enseigne non loin, à Hat Kalim. (076 340789 ; www.baanrimpa.com ; 223 Th Phra Barami ; plats 250-650 B ; 12h-22h30)

Prendre un verre

Illuzion

CLUB

21 PLAN P. 60, E4

L'Illuzion, toujours le méga-club le plus populaire de Patong, accueille sur plusieurs niveaux des démonstrations de danse et de gymnastique, des DJ internationaux, des soirées reggaeton et d'autres électro, le tout avec écrans LED et d'innombrables bars. (www.illuzionphuket.com ; 31 Th Bangla ; 21h-tard)

Zag Club

BAR GAY

22 PLAN P. 60, E4

Le Zag Club, l'un des bastions de la très populaire Soi Paradise, accueille de fabuleux spectacles de cabaret LGBT à partir de minuit. Entre deux shows, on boit et on danse sur des tubes retentissants. Le bar gay le plus animé de Patong en général. (www.facebook.com/phuket.zagclub ; 123/8-9 Royal Paradise Complex ; 20h-4h)

Boat Bar

BAR GAY

23 PLAN P. 60, E4

Fondé par Khun Daeng, l'un des pionniers de la scène nocturne LGBT+, le premier établissement gay de Phuket propose des spectacles de cabaret étincelants et de qualité, tous les soirs à 23h45 et 1h30. (076 341237 ; www.facebook.com/boatbar ; 125/20 Royal Paradise Hotel Complex ; 21h-4h)

My Way

BAR GAY

24 PLAN P. 60, E4

Chaque soir, ce bastion de la scène gay, l'un des premiers bars du Paradise Complex, donne des spectacles de cabaret. (125/15-17 Royal Paradise Complex ; 20h-2h)

KUDO Beach Club

LOUNGE

25 PLAN P. 60, D4

Nouvelle recrue sur la scène des clubs de plage de Phuket, cet établissement animé de Patong s'articule autour d'une piscine scintillante sur le front de mer et d'un bar dans l'eau, avec musique cool et DJ sets. Comptez au moins 2 000 B/jour pour un lit de plage et 200 B pour une chaise longue. Soirée piscine le vendredi. Moins

Échoppes près de Hat Patong (p. 65)

glamour que les clubs de plage plus au nord, mais populaire. (☎091 842 4303 ; www.kudophuket.com ; Th Thawiwong ; ⏲11h-minuit)

Sortir

Phuket Simon Cabaret

CABARET

26 PLAN P. 61, C8

À environ 500 m au sud de la ville, ce lieu programme de colorés spectacles de cabaret très prisés des groupes de touristes (et légèrement faits pour eux). La salle de 600 places est majestueuse, les costumes tout en plumes et paillettes sont grandioses, et les artistes LGBT+ sont convaincants. Le lieu affiche généralement complet – réservez tôt. (☎087 888 6888 ; www.phuket-simoncabaret.com ; 8 Th Sirirach ; adulte 800-1 000 B, enfant 600-800 B ; ⏲spectacles 18h, 19h30 et 21h)

Galaxy Boxing Stadium

MATCHS

27 PLAN P. 61, D7

Au menu, des combats de *muay tai* (boxe thaïlandaise) opposant des athlètes thaïlandais et étrangers. (www.galaxyboxingstadium.com ; Th Phra Metta/Rte 4055 ; stade/bord du ring 1 700/2 000 B ; ⏲21h mar)

Shopping

Baanboonpitak

ANTIQUITÉS

28 PLAN P. 61, C7

Un poussiéreux magasin d'antiquités, à l'extrémité

Le Phuket Simon Cabaret

PETER BISCHOFF/GETTY IMAGES ©

sud de Patong, qui recèle des sculptures en teck, des illustrations du Bouddha, de superbes bronzes, d'imposants tambours tendus de peaux de buffle, des éléphants en bois sculpté et une foule de meubles en teck haut de gamme. En fouillant, vous trouverez forcément quelque chose de splendide. Possibilité d'expédier les achats par bateau à l'étranger. (081 569 6474 ; 30 Th Prachanukhro ; 10h-23h, horaires variables)

Jung Ceylon CENTRE COMMERCIAL

29 PLAN P. 61, E5

Un scintillant centre commercial avec clim et des enseignes internationales (Starbucks, Mango, Havaianas, Body Shop), ainsi que des cinémas multiplexes et de petits salons de massage. L'aile Sino-Phuket recèle un choix honorable de restaurants internationaux et, à l'extérieur, au milieu de bassins et de fontaines musicales, se dresse une maquette de jonque chinoise grandeur nature. (www.jungceylon.com ; Th Rat Uthit ; 11h-22h)

Nop Art ART

30 PLAN P. 60, F1

L'une des galeries appartenant à des peintres locaux, au nord de Patong. Attendez-vous à des toiles audacieuses et colorées représentant des scènes de la vie thaïlandaise (marchés flottants, boissons à la noix de coco, tigres, éléphants, bateaux dansant sur la mer), mais aussi à des œuvres abstraites. (089 197 6778 ; www.facebook.com/thenopart ; 133 Th Phra Barami ; 8h-22h)

Art Heart Gallery ART

31 PLAN P. 60, E1

L'Art Heart, parmi les galeries qui exposent des peintres locaux à ce carrefour, se distingue par ses œuvres d'art abstrait pleines de vie. (angle Th Rat Uthit et Th Phra Barami ; 10h-22h)

Central Patong CENTRE COMMERCIAL

32 PLAN P. 61, E5

Cet immense centre commercial a ouvert ses portes en février 2019 en face de Jung Ceylon. Il abrite une multitude de marques thaïlandaises et internationales. (Th Rat Uthit)

Explorer

Hat Karon

Hat Karon (หาดกะรน) est un peu l'enfant naturel de Hat Patong et de Hat Kata : décontractée et fleur bleue, mais aussi un peu négligée. Avec un sable moins densément peuplé que Patong ou Kata, Karon attire les familles. Plus on va vers le nord, plus les larges plages de sable blond sont belles, atteignant des sommets après Karon Park, où la mer évoque du verre turquoise. Le sud de Karon se fond avec Kata, plus sophistiquée.

En bref

- ***Hat Karon (p. 77)*** *Un moment de farniente sur un sable couleur miel ou une dynamique séance de surf.*
- ***Circuit du Grand Bouddha (p. 77)*** *Une randonnée à travers la jungle luxuriante jusqu'au spectaculaire point de vue du Grand Bouddha.*
- ***Moment de bien-être (p. 77)*** *Une pause relaxation avec un soin à base de fruits tropicaux dans l'un des paisibles spas de Karon.*

Comment y aller et circuler

Comptez 1 000 B depuis l'aéroport, 550 B depuis Phuket-ville et 400 B depuis Patong.

Le Phuket Smart Bus circule depuis/vers l'aéroport (150 B ttes les heures), les plages de la côte ouest et Rawai. Minibus collectif depuis l'aéroport (200 B).

Sŏrng·tăa·ou Des camionnettes de passagers circulent depuis/vers Phuket-ville (40 B, 7h30-18h).

Plan de Hat Karon p. 76

La longue plage de Hat Karon THAISIGN/SHUTTERSTOCK ©

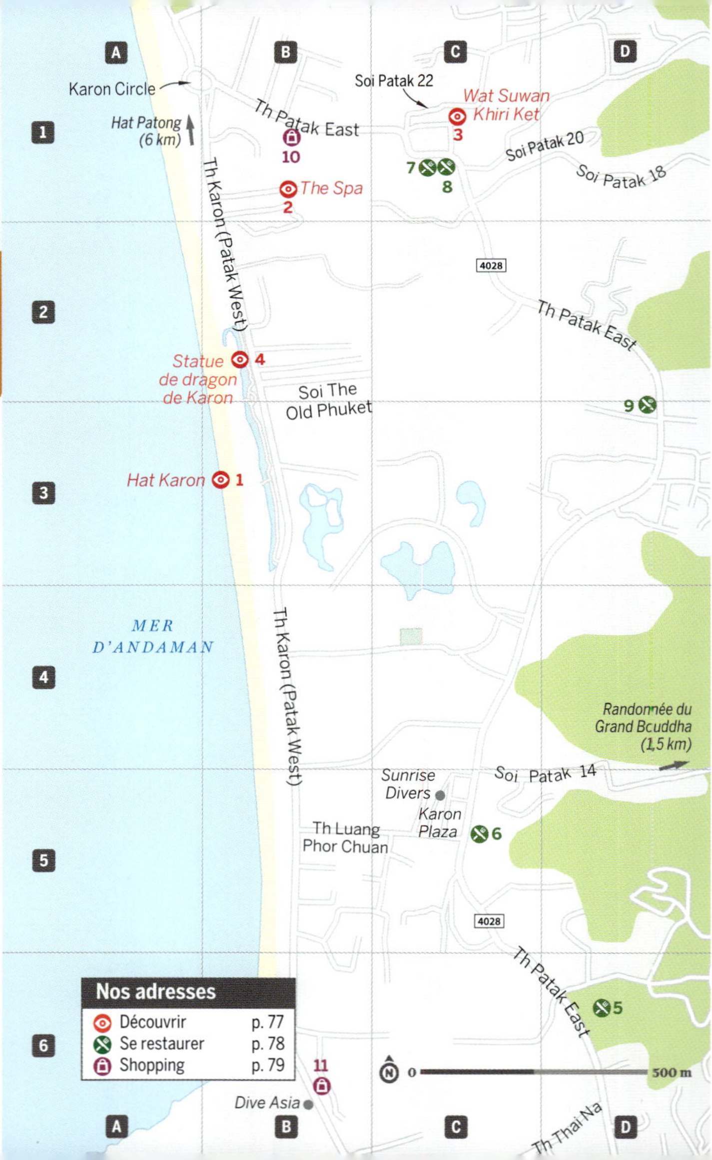

Nos adresses

Découvrir	p. 77
Se restaurer	p. 78
Shopping	p. 79

Découvrir

Hat Karon

PLAGE

1 PLAN P. 76, B3

Cette étendue de sable fin, longue de 4 km, attire les familles. Malgré sa popularité, on peut toujours y poser sa serviette. (หาดกะรน)

The Spa

SPA

2 PLAN P. 76, B1

Dans ce spa évocateur, les chambres donnent sur un jardin tropical arboré et des bols de pétales odorants sont posés un peu partout. Vous en sortirez rajeuni de corps et d'esprit, grâce à un gommage au tamarin et à un enveloppement à la noix de coco. Les sels de la mer Morte redonneront de l'éclat à votre peau. Forfait couple 2 heures 30 (6 700 B). (076 396139 ; www.movenpick.com ; Mövenpick Resort, 509 Th Karon/Patak West ; massages ou soins 1 500-2 000 B ; 9h-21h)

Randonnée du Grand Bouddha

Partant de Soi Patak 14 (face au Karon Plaza), ce circuit exigeant et gratifiant (1 heure ; 2,5 km) grimpe à travers la jungle jusqu'au **Grand Bouddha** (p. 80).

Wat Suwan Khiri Ket

TEMPLE BOUDDHIQUE

3 PLAN P. 76, C1

À l'écart de la route, ce temple assez récent et bien tenu abrite

Statue de dragon, Hat Karon (p. 78)

Surf et plongée

En basse saison (d'avril à octobre), on peut prendre des cours de surf (1 heure ; 1 200 B) et louer des surfs/bodyboards (300/150 B l'heure) au sud de Hat Karon.

Parmi les prestataires de plongée recommandés, citons **Dive Asia** (plan p. 76, B6 ; 076 330598 ; www.diveasia.com ; 23/6 Th Karon/Patak West ; plongée 2/3 descentes 3 400/3 900 B ; 10h-21h) et **Sunrise Divers** (plan p. 76, C5 ; 076 398040, 084 626 4646 ; www.sunrise-divers.com ; 269/24 Th Patak East ; plongée 3 descentes 3 700 B, plongée croisière à partir de 4 900 B/jour ; 10h-18h tlj nov-avr, 10h-16h lun-ven mai-oct).

un petit sanctuaire où trône un bouddha assis en pierre noire. À côté se dresse l'impressionnant crématorium à toit étagé, ouvert seulement les jours de cérémonie. Bananiers, palmiers et manguiers agrémentent le parc. Le très prisé **marché de nuit** (mar et ven à partir de 16h) propose une foule de vêtements et de stands de restauration. (วัดสุวรรณคีรีเขต ; Th Patak East ; accès libre ; 5h-22h)

Statue de dragon

STATUE

4 PLAN P. 76, B2

Dominant la partie centrale de la plage, cette statue dorée est souvent censée incarner le fameux dragon endormi qui, d'après le folklore chinois local, aurait donné naissance à l'île de Karon. Il pourrait aussi représenter le mythique *naga* des bouddhistes, mi-homme, mi-cobra. (ปู่พญานาคราชศรีสุทโธ ; Th Karon/Patak West)

Se restaurer

Pad Thai Shop

THAÏLANDAIS $

5 PLAN P. 76, D6

Cet étal prisé au bord de la route propose des plats délicieux : *kôw pàt boo* (rit frit au crabe), *pàt see·éw* (nouilles sautées), ragoût de poulet et soupe de nouilles. On y sert l'un des meilleurs *pàt tai* que nous ayons goûté : épicé et sucré, richement garni de tofu, œuf et cacahuètes, et accompagné de ciboule, de germes de soja et de citron vert. Excellentes sauces chili maison. (Th Patak East ; plats 50-80 B ; 8h-18h sam-jeu)

Eat Bar & Grill

GRILL $$$

6 PLAN P. 76, C5

Cet expert en grillades sert de sublimes steaks et hamburgers, peut-être les meilleurs de Phuket. D'autres plats sont à la carte, mais le bœuf domine : préparé à votre goût, présenté avec art et au bon rapport qualité/prix. Cocktails et café corrects, comptoir en bois, murs en béton et espace limité (réservez). (085 292 5652 ; www.eatbargrill.com ; 250/1 Th Patak East ; plats 200-900 B ; 11h-22h lun-sam ;)

Elephant Café by Tan
THAÏLANDAIS, INTERNATIONAL $$

7 PLAN P. 76, C1

Une adresse fiable et prisée pour la cuisine thaïlandaise et occidentale, près du temple de Karon. Dégustez un curry et une salade épicée, un steak, une côtelette ou une pizza, dans la salle aux allures de jardin. Quantité d'options végétariennes, plus des gâteaux et des cocktails. (076 398129 ; www.facebook.com/elephantcafe2005 ; 489 Th Patak East ; plats 80-390 B ; 10h-23h ;)

Mr Coffee
CAFÉ $$

8 PLAN P. 76, C1

Un café italien prisé au bord de la route, près du temple de Karon. Gâteaux et pâtisseries maison, petits-déjeuners, sandwichs à base de *ciabatta* et *focaccia*, et milk-shakes aux fruits dans des pots de confiture (testez le Cool Now : mangue, menthe, ananas et concombre) sont servis dans une petite cour en béton. Forcément, l'expresso est de qualité. (www.facebook.com/mr.coffephuket ; 479/1 Th Patak East ; repas 130-250 B ; 7h30-22h30 lun-sam nov-avr, 8h-16h lun-sam mai-oct ;)

Highway Curry
INDE DU NORD $$

9 PLAN P. 76, D3

Pour changer des saveurs thaïlandaises, ce restaurant indien sans chichis en bordure de la route, avec murs orange, personnel serviable et tables en bois, concocte des currys du nord de l'Inde délicatement épicés, à éponger avec un *naan* moelleux. Impressionnant choix de plats végétariens – samosas, pakoras, mais aussi *aloo jeera, shahi paneer* et *chana masala*. Service à emporter également. (083 024 3015 ; www.highwaycurry.com ; 375/2 Th Patak East ; plats 180-320 B ; 11h-23h ;)

Shopping

Lemongrass House
COSMÉTIQUES

10 PLAN P. 76, B1

L'une des boutiques de la populaire marque de produits de beauté bio de Phuket. Faites le plein de gommages au sel parfumés à la rose, de crèmes pour le visage au thé vert, de crèmes hydratantes au jasmin et d'antimoustiques à la citronnelle et à la lavande – voire de produits pour les animaux domestiques ! (088 761 4361 ; www.lemongrasshousethailand.com ; 603 Th Patak East ; 10h30-22h30)

Baru
MODE ET ACCESSOIRES

11 PLAN P. 76, B6

Une collection de motifs exotiques, tissus légers, accessoires scintillants, sacs en cuir, robes élégantes et bikinis colorés, qui font le succès de Baru. Un bel exemple du style insulaire caractéristique de Phuket, entre l'Orient et l'Occident. (076 333237 ; www.barufashion.com ; Th Karon/Patak West ; 10h-23h)

Vaut le détour

Le Grand Bouddha

On voit apparaître le Grand Bouddha depuis l'autre bout de la moitié sud de l'île. Culminant à 45 m, cette impressionnante statue jouit de l'un des plus beaux points de vue sur Phuket depuis les collines de Nakkerd. Certains diront que l'endroit relève plus de l'attraction touristique que du havre spirituel, mais la simple stature du Bouddha, la sérénité des collines et les incroyables panoramas sont des raisons suffisantes pour s'y attarder.

พระใหญ่

www.mingmongkolphuket.com

près de la Rte 4021

entrée libre

6h-19h ; P

Le Bouddha

Le tintement des clochettes et le claquement des drapeaux dans le vent confèrent au lieu une force tranquille. Avant de prendre l'escalier pour accéder au Bouddha, inclinez-vous devant le sanctuaire au toit doré. La construction de la statue a débuté en 2007 et n'est toujours pas terminée. Financé exclusivement par des dons, le Bouddha est revêtu d'albâtre de Birmanie, un matériau coûteux, puisque l'ensemble a coûté 100 millions de bahts.

Pour les habitants, le Grand Bouddha est le plus grand chantier de Phuket de ces 100 dernières années – ce qui veut tout dire sur une île où l'on ne cesse de construire depuis 20 ans.

Le panorama

Depuis la plateforme où trône le Bouddha, scrutez les eaux turquoise de Kata, localisez la scintillante plage de Karon et, au sud-est, comptez les petites îles qui parsèment la baie de Chalong. En montant en voiture, vous longerez des portions de jungle et des bananeraies en terrasses.

La randonnée

De Karon, un itinéraire exigeant et gratifiant (2,5 km, 1 heure) grimpe à flanc de colline à travers la jungle pour déboucher presque au sommet de la route d'accès au Grand Bouddha. Ce parcours bien signalé part de Soi Patak 14, face au Karon Plaza. La route bifurque un peu plus loin et une piste abrupte grimpe jusqu'à une clairière dotée d'un lieu pour se reposer ; de là, continuez à monter à travers la jungle ombragée, en vous aidant des cordes à disposition.

★ À savoir

- Habillez-vous sobrement. Les femmes se couvriront épaules et genoux. Au besoin, on vous prêtera un châle et/ou une jupe.
- Ne manquez pas le belvédère caché par les rochers près de l'escalier de sortie.
- Arrivez tôt pour éviter la foule.

Une petite faim ?

À environ 450 m en contrebas du Grand Bouddha, le **Star Mountain Sunset** (☎089 287 7577 ; près de la Rte 4021 ; plats 80-300 B ; ⌚8h-19h) sert de savoureux classiques thaïlandais et internationaux. Belle vue sur la côte sud-ouest de Phuket depuis la terrasse.

★ Comment y aller

En voiture : 5,5 km à l'ouest de la Rte 4021, à 1 km au nord de Chalong Circle.

En taxi : 500 B depuis Kata/Karon.

Randonnée ardue depuis Karon (2,5 km ; 1 heure).

Explorer

Hat Kata

Plus élégante que Karon et dépourvue de l'animation sordide de Patong, Hat Kata (หาดกะตะ) attire toutes sortes de voyageurs avec ses magnifiques plages jumelles de sable blond. Destination de premier ordre pour surfer durant la saison intermédiaire et la mousson, Kata offre en outre des spas excellents, une bonne cuisine, un centre de yoga très coté et une belle gamme de sports nautiques.

En bref

- ***Hat Kata (p. 87)*** *Farniente au soleil sur les deux splendides plages de sable doré de Kata.*
- ***Sports nautiques (p. 89)*** *Voguer sur les flots en kayak ou en paddle, plonger dans les profondeurs ou surfer sur les vagues de Kata Yai.*
- ***Bien-être (p. 87)*** *Une journée dédiée à la paresse, entre deux massages thaïlandais, soins du visage hydratants et enveloppement à la mangue.*
- ***Gastronomie (p. 88)*** *Un discret établissement thaïlandais bon marché ou un prestigieux restaurant international face à la mer, voire un cours de cuisine.*

Comment y aller et circuler

Comptez 1 200 B depuis/vers l'aéroport, 600 B pour Phuket-ville, 500 B pour Patong et 300 B pour Karon.

Le Phuket Smart Bus relie l'aéroport (170 B, ttes les heures), les plages de la côte ouest et Rawai. Minibus collectif depuis l'aéroport (200 B).

Sŏrng·tăa·ou Des camionnettes de passagers circulent depuis/vers Phuket-ville (40 B, 7h-17h).

Plan de Hat Kata p. 86

Depuis le Karon Viewpoint (p. 88) THAISIGN/SHUTTERSTOCK ©

Promenade à pied

Kata en famille

Largement dépourvue du côté sordide qui ronge Patong et, dans une moindre mesure, Karon, Kata est un endroit formidable pour les familles, avec sa riche offre nautique, sa bonne cuisine et ses activités pour tous. Cet itinéraire, situé essentiellement sur le front de mer, permet de faire un petit tour sur ses sites les plus populaires tout en profitant de ses deux plages de sable.

La promenade

Départ Dino Park

Arrivée Hat Kata Noi

Distance 3,5 km

Durée 6 heures

❶ Dino Park

Partez au nord de la ville, à la jonction de Kata et de Karon, où le **Dino Park** (☎076 330625 ; www.dinopark.com ; Th Karon/Patak West ; adulte/enfant 240/180 B ; ⊙10h-23h) offre un parcours de minigolf dans des jardins inspirés de *Jurassic Park* ; vous pouvez aussi juste flâner dans le domaine.

❷ Hat Kata Yai

Descendez dans Th Kata (Patak West) vers le sud, en passant devant des boutiques et des échoppes de souvenirs, puis prenez à droite (à l'ouest) dans Th Pak Bang jusqu'à atteindre le sable immaculé de **Hat Kata Yai** (p. 87). Flânez sur la plage vers le sud, en admirant la somptueuse petite île de Ko Pu à l'horizon, avec une pause baignade ou bronzage.

❸ Surf House

Plus loin, vous atteindrez la **Surf House** (☎081 979 7737 ; www.surfhousephuket.com ; 4 Th Pak Bang ; séance 1 heure 1 000 B ; ⊙9h-minuit ; 👪), une vague artificielle où les enfants font du wakeboard pendant que les parents se délassent dans le bar-restaurant. Sinon, il y a d'autres vagues plus loin.

❹ Pause café

Si vous manquez de caféine, faites un rapide détour par l'**Italian Job** (p. 90) dans les terres pour boire un expresso ; vous en avez pour 5 minutes à pied vers l'est dans Th Pak Bang, puis vers le sud dans Th Kata (Patak West).

❺ Sports nautiques

À la pointe sud de Kata Yai, vous apercevrez des *long-tail boats* et quelques agences de sports nautiques, dont le **Nautilus Dive & Surf Shop** (☎076 330229 ; www.phuketsurfing.com ; 186/1 Th Kata Noi ; cours 1 200 B, location de planche 200/800 B par heure/jour ; ⊙9h-18h) ; faites-y halte pour louer kayaks, paddles et bodyboards, ou bien, en basse saison (avril-novembre), pour suivre un cours de surf de 1 heure sur les fameuses vagues de Kata.

❻ Cuisine de la mer sans façons

Il sera alors temps de grignoter quelque chose : l'extrémité sud de Kata Yai abrite une série de cabanes de fruits de mer bon marché et chaleureux, idéales pour les familles. Prenez place au **Kata Mama** (p. 90) ou au **Kata BBQ** (www.facebook.com/katabbq ; Hat Kata Yai ; repas 80-350 B ; ⊙8h-22h30 ; 📶) pour une classique poêlée thaïlandaise, un curry ou du poisson grillé, avec en prime une vue splendide sur la mer d'Andaman.

❼ Hat Kata Noi

De là, une marche de 15 minutes dans Th Kata Noi, vers le sud et au-delà de la colline, vous mènera à la scintillante **Hat Kata Noi** (p. 87) – la balade est quelconque, mais elle en vaut vraiment la peine pour découvrir le sable blond de l'autre côté.

A
B
C
D
1
2
3
4
5
6
0
500 m
Ao Karon
Th Laem Sai
16
Th Thai Na
11
4028
Soi Patak 10
Laem
Sai
Rumblefish
Adventure
Th Kata (Patak West)
Th Patak East
Grand
Bouddha
(10,5 km)
Baray
Spa
5
13
Th Kade Kwan
Th Pak Bang
Ao Kata
Yai
KATA
Hat Kata Yai
1
Surf House
Dive Asia
7
8
Th Koktanod
Boathouse
Cooking Class
4
MER
D'ANDAMAN
15
2
Kata
Hot Yoga
12
Infinite
Luxury Spa
3
10
Th Koktanod
Mom Tri's
Spa Royale
6
14
Hat Kata Noi
4233
Th Kata Noi
Th Kata-Sai Yuan
Ao Kata
Noi
Sea Fun
Divers
Nos adresses
Découvrir p. 87
Se restaurer p. 88
Prendre un verre p. 90
Shopping p. 91
Karon
Viewpoint
(500 m)
9

Découvrir

Hat Kata Yai

PLAGE

1 PLAN P. 86, C3

La plage de Hat Kata est divisée par un promontoire rocheux : au nord, la blonde Hat Kata Yai (principale plage de Kata), au sud, **Hat Kata Noi** (หาดกะตะน้อย), toutes deux superbes et prisées ; Kata Noi est légèrement plus abritée, tandis que Kata Yai se prête au surf. (หาดกะตะใหญ่)

Kata Hot Yoga

YOGA

2 PLAN P. 86, C4

Un cours de yoga Bikram ? Dans une salle à la chaleur étouffante, le propriétaire expert et des professeurs étrangers invités y enseignent la série d'asanas (90 min ; 2 ou 3 cours par jour). Tous niveaux, pas de réservation. Forfaits multicours avantageux. (076 605950 ; www.katahotyoga.com ; 217 Th Koktanod ; 1/10 cours 550/3 850 B ; cours 9h, 17h15 et 19h15 lun-ven, 9h et 17h15 sam-dim)

Infinite Luxury Spa

SPA

3 PLAN P. 86, B4

Niché dans le **resort de luxe** (d 21 400-33 200 B ; P) le plus branché de Kata et ouvert aux non-résidents, ce spa ultramoderne combine thérapies traditionnelles et technologies de pointe (cabine anti-jetlag, lit à température régulée, "salle des chakras" aux couleurs évolutives...). Les soins : massage thaïlandais, enveloppement à la boue bioénergétique, massages à l'huile (couples), soins du visage... sont coûteux, mais parfaits pour une grande occasion. (076 370777 ; www.katarocks.com ; Kata Rocks, 186/22 Th Koktanod ; soins 3 600-9 500 B ; 10h-22h)

Boathouse Cooking Class

COURS DE CUISINE

4 PLAN P. 86, C4

Le meilleur restaurant gastronomique de Kata (p. 88) propose de fabuleux cours de cuisine thaïlandaise (4 plats) sur 1 ou 2 jours, avec visite du marché local. (076 330015 ; www.boathouse-phuket.com ; 182 Th Koktanod ; cours 2 570-4 450 B ; horaires variables)

Baray Spa

SPA

5 PLAN P. 86, C2

À l'écart, dans un jardin tropical luxuriant avec canaux et cascades, ce spa raffiné propose le classique massage thaïlandais, le gommage corporel intégral au café, le soin du buste raffermissant aux algues ou le soin réhydratant du visage. (076 330979 ; www.phuketsawasdee.com ; Sawasdee Village, 38 Th Kade Kwan ; massage ou soin 1 200-5 000 B ; 10h-22h)

Mom Tri's Spa Royale

SPA

6 PLAN P. 86, B5

Avec ses produits de soin bio, ses salles de thalasso et ses masseurs ultracompétents, ce luxueux spa

Karon Viewpoint

Du **Karon Viewpoint** (จุดชมวิวกะรน ; plan p. 86, C6 ; Rte 4233), majestueux perchoir en haut d'une falaise, la vue s'étend de Kata aux confins nord de Karon et, au sud, jusqu'à la côte de Laem Phromthep. Les couchers de soleil y sont splendides, même si l'endroit mérite le détour à toute heure. Le site est à 3 km au sud du centre de Kata sur la Rte 4233. Mais ne vous y attardez pas le soir. Plusieurs agressions et vols de nuit ont été signalés.

d'hôtel installé sur les rochers de Kata Noi est très agréable. Le soin enveloppant au concombre (1 heure 30, 4 000 B) est idéal après un trop plein de soleil. (076 333568 ; www.villaroyalephuket.com ; Mom Tri's Villa Royale, 12 Th Kata Noi, Hat Kata Noi ; massage ou soin 1 500-5 500 B ; 10h-19h)

Se restaurer

Red Duck
THAÏLANDAIS **$$**

7 PLAN P. 86, D3

Dans ce discret restaurant à la terrasse minuscule, les plats sont coûteux, mais délicieux, sans glutamate de sodium et composés d'ingrédients ultrafrais. Currys et soupes de la mer très savoureux. Nombre des classiques thaïlandais peuvent être préparés en version vegan, tels que le curry *massaman* épicé ou le larb de légumes. Service excellent. (084 850 2929 ; www.facebook.com/redduckrestaurant ; 88/3 Th Koktanod ; plats 240-380 B ; 12h-23h, fermé lun mai-sept ;)

Boathouse
INTERNATIONAL **$$$**

Glamour, luxe et volupté caractérisent le **Boathouse** (d 9 000-39 000 B avec petit-déj ; P) (voir 4 Plan p. 86, C4), l'un des restaurants les plus respectés de Phuket. La cuisine thaïlandaise/méditerranéenne (crevettes tigrées à l'ail, curry *massaman* de jarret d'agneau, carpaccio de bœuf australien) est fabuleuse, la carte des vins très longue, le service attentif et la vue sur la mer sublime. Plateaux à partager préparés à votre table, et menus (930-1 750 B) renouvelés chaque jour. (plats 250-1 500 B ; 12h-23h)

Istanbul Restaurant
TURC **$$**

8 PLAN P. 86, D3

Ce joli lieu tenu en famille est le restaurant étranger le plus prisé de Kata – et à juste titre. La cuisine y est succulente, des copieux déjeuners à l'occidentale ou à la turque aux plats authentiques et savoureux tels le *hünkar beğendi* (ragoût de bœuf sur un lit de purée d'aubergines), les kebabs et les *pide*. À noter aussi les formidables soupes, salades et desserts. (091 820 7173 ; www.istanbulrestaurantphuket.com ; 100/87 Th Koktanod ; repas 120-320 B ; 9h-22h mar-sam)

Sabai Corner INTERNATIONAL, THAÏLANDAIS **$$**

9 PLAN P. 86, D6

La vaste terrasse du Sabai Corner offre le plus beau panorama de l'île : une vue dégagée jusqu'à Karon et l'océan à perte de vue. La cuisine n'est pas en reste, qu'il s'agisse de riz frit, poisson grillé et piquants currys thaïlandais, ou de salades, pâtes et pizzas au feu de bois.

De Kata, roulez 3 km au sud vers Rawai/Hat Nai Han sur la Rte 4233, bifurquez vers le bas après le Karon Viewpoint et continuez sur 1,5 km. (089 875 5525 ; www.sabaicornerphuket.com ; Soi Laem Mum Nai, près de la Rte 4233 ; plats 160-490 B ; 10h-22h ;)

Kata Rocks Clubhouse INTERNATIONAL, THAÏLANDAIS **$$$**

On est séduit par le cadre de ce restaurant au bord d'une piscine, dans le design Kata Rocks (voir **3** Plan p. 86, B4). Ici, la scintillante mer d'Andaman s'étale autour d'un promontoire rocheux. Excellente cuisine thaï-méditerranéenne, des pizzas, pâtes, viandes grillées et salades au classique *mŏo hong* (porc braisé au poivre et à l'ail) de Phuket. Cocktails savamment préparés (390-490 B). (076 370777 ; www.katarocks.com ; 186/22 Th Koktanod ; plats 350-1 600 B ; 6h30-10h30, 11h-17h30 et 18h-minuit ;)

Mom Tri's Kitchen FUSION, MÉDITERRANÉEN **$$$**

Pour une grande occasion ou un déjeuner d'exception, optez pour la haute cuisine fusion et les vins raffinés du Mom Tri's Kitchen, agrémentés d'une vue sur la splendide Hat Kata Noi depuis un perchoir sensationnel à flanc de falaise (voir **6** Plan p. 86, B5). La carte, à partir d'ingrédients locaux de saison, allie les plats d'inspiration méditerranéenne et les classiques thaïlandais avec une touche

Sports nautiques à Hat Kata

Les deux plages de Kata offrent des conditions de surf correctes entre avril et novembre ; les cours particuliers d'une heure coûtent 1 200 B et la location de planches 200/800 B par heure/jour. Pour louer un paddle ou un kayak, comptez 300/900 B par heure/jour. Parmi les prestataires de plongée recommandés, citons **Sea Fun Divers** (plan p. 86, C6 ; 076 330124 ; www.seafundivers.com ; Katathani, 14 Th Kata Noi ; plongée 2/3 descentes 3 900/4 400 B ; 9h-18h), **Dive Asia** (plan p. 86, C4 ; 076 330598 ; www.diveasia.com ; 1/21 Th Pak Bang ; plongée 2/3 descentes 3 400/3 900 B ; 9h-21h) et **Rumblefish Adventure** (plan p. 86, C2 ; 095 441 8665 ; www.rumblefishadventure.com ; 98/79 Beach Centre, Th Kata/Patak West ; plongée 2 descentes 3 500-4 500 B ; 9h-19h).

européenne, tels le vivaneau en tempura, les raviolis de langouste et le bar à la citronnelle. (plats 540-1 400 B ; 11h-23h ; P)

Kata Mama

THAÏLANDAIS $

10 PLAN P. 86, C4

Notre cabane de fruits de mer préférée au sud de Hat Kata Yai. Installé de longue date, le Kata Mama doit son succès à son personnel charmant, à ses classiques thaïlandais savoureux et à son cadre paisible sur une belle portion de sable. (Hat Kata Yai ; plats 100-200 B ; 8h30-21h30)

Kwong Shop Seafood

THAÏLANDAIS, PRODUITS DE LA MER $$

11 PLAN P. 86, C1

Comment résister au charme d'une vieille cabane à fruits de mer ? Appâtant les clients avec son étal de première fraîcheur et ses photos de mangeurs béats, ce restaurant à l'ancienne prospère depuis plus de 25 ans. Bon marché et joyeux, il affiche des murs tapissés de pièces et de billets. (65/1 Th Thai Na ; plats 80-250 B ; 10h-minuit ;)

Prendre un verre

Ska Bar

BAR

12 PLAN P. 86, B4

Blotti parmi les rochers de la crique la plus méridionale de Hat Kata Yai, ce bar décontracté semble ne faire qu'un avec le tronc d'un vénérable banian. C'est notre adresse préférée pour siroter un cocktail face à la mer dans le soleil couchant. Bouées, lampions et drapeaux pendent sous l'auvent, et il y a souvent des spectacles de jongleurs de feu. Barmen accueillants. (www.skabar-phuket.com ; 186/12 Th Koktanod ; 13h-2h)

Art Space Cafe & Gallery

BAR

13 PLAN P. 86, C2

Ce bar insolite est le plus original de Phuket. Cet espace polyvalent, psychédélique et coloré est couvert de toiles et de sculptures uniques célébrant la féminité. Elles sont l'œuvre du créatif M. Pan et de son épouse tatoueuse, qui préparent cocktails et repas végétariens (160-400 B). Concerts vers 20h. (090 156 0677 ; Th Kade Kwan ; 12h-minuit)

After Beach Bar

BAR

14 PLAN P. 86, C5

Difficile de décrire la vue magique depuis ce bar au toit de chaume accroché à une falaise au-dessus de Kata : mer ondoyante, saillies rocheuses et collines couvertes de palmiers. Avec Bob Marley en fond sonore, c'est l'endroit idéal pour admirer le crépuscule. Et quand le soleil est couché, les lumières des bateaux de pêche tapissent l'horizon. Testez le *pàt tai* (plats 100-400 B). (084 745 9365 ; Rte 4233 ; 11h-22h)

Italian Job

CAFÉ

15 PLAN P. 86, C4

Ce café italien avec Wi-Fi sert de bonnes pâtisseries, un excellent expresso et du *limoncello* (cafés 60-130 B). Le matin, il est fréquenté par une foule d'habitués. Donnant sur un carrefour animé, il permet d'observer les passants en profitant de la clim. Parfois fermé en basse saison (mai-octobre). (☎098 708 3843 ; www.facebook.com/italianjobcoffeekata ; 179/1 Th Koktanod ; ⏰8h-minuit déc-mars, 8h-16h avr-nov ; 📶)

Shopping

Siam Handicraft VÊTEMENTS

16 PLAN P. 86, B1

Un magasin bohème-chic spécialisé dans les vêtements en lin tissés à la main (robes, chemises, châles, pantalons, et autres articles pour hommes et femmes). La plupart sont fabriqués localement à partir de chanvre et de coton bio. Jolie collection de bijoux en argent et en perles, ainsi que des chaussures faites main. (www.facebook.com/siamhandicraft.phuket ; 12-14 Th Karon/Patak West ; ⏰10h-22h lun-sam)

La Banana MODE ET ACCESSOIRES

Cette minuscule boutique (voir 16 Plan p. 86, B1) propose une multitude de maillots abordables, dans une ribambelle de couleurs, de styles et de motifs, ainsi que des tenues de plage amples et de jolies robes décontractées. Aussi présent dans le nord de Karon. (Th Kata/Patak West, Hat Karon ; ⏰11h-23h)

Hat Kata Noi (p. 87)

ALEKSANDAR TODOROVIC/SHUTTERSTOCK ©

Explorer

Rawai

Rawai (ราไวย์) est un lieu agréable pour séjourner, vivre et explorer. Cette portion de côte décontractée, au sud de Phuket, regorge de retraités, d'artistes et d'entrepreneurs thaïlandais ou expatriés. On y trouve des cafés tranquilles et des centres de yoga ou de boxe thaïlandaise (muay tai). Ses magnifiques plages de sable blanc bordent des collines luxuriantes, qui s'élèvent à pic et dévalent dans la mer d'Andaman pour former Laem Phromthep. Malgré l'urbanisation, on sent la proximité de la nature, surtout à la plage.

En bref

- ***Laem Phromthep (p. 94)*** *Un coucher de soleil sur la pointe sud de l'île.*
- ***Cafés (p. 100)*** *Farniente dans les cafés les plus décontractés de Phuket.*
- ***Muay tai (p. 98)*** *Une plongée dans les secrets de la boxe thaïlandaise.*
- ***Kitesurf et yoga (p. 97)*** *Un envol à fleur de vague ou une immersion dans les asanas.*
- ***Barbecues de la mer (p. 100)*** *Un festin de fruits de mer frais et simples.*

Comment y aller et circuler

De Rawai/Hat Nai Han, comptez 1 000 B vers l'aéroport, 700 B pour Patong et 500 B pour Phuket-ville.

Le Phuket Smart Bus dessert l'aéroport via les plages de la côte ouest (50-170 B, ttes les heures, 6h-20h15).

Sŏrng·tăa·ou Depuis/vers Phuket-ville (30 B, 7h-17h30) et Hat Nai Han (40 B, 8h-18h).

Plan de Rawai p. 96

Long-tail boats, Hat Rawai (p. 99) ADRIAN BAKER/SHUTTERSTOCK ©

Les incontournables

Laem Phromthep

Ce lieu pittoresque est le point le plus méridional de Phuket. De là, on voit la voluptueuse mer d'Andaman miroiter autour de l'île à perte de vue. Vous n'y serez pas seul, mais une fois face au panorama à 270° avec la mer d'Andaman qui embrasse le cap rocheux en contrebas, là où les pêcheurs jettent leurs filets, cela n'aura plus guère d'importance.

PLAN P. 96, C4

แหลมพรหมเทพ

Rte 4233

La vue

Si les cars de touristes et les habitants de Phuket descendent en nombre chaque après-midi jusqu'à Laem Phromthep, c'est bien sûr pour admirer la rue à couper le souffle sur le sud de Phuket, le nord-ouest de Hat Nai Han et les eaux turquoise de la mer d'Andaman, desquelles émergent des îles. Mais c'est surtout le coucher de soleil teinté de rose qui attire les foules. Étendus sur l'herbe ou perchés sur le mur en béton bordé de palmiers, les visiteurs se réchauffent aux derniers rayons avant que l'astre ne soit englouti par la mer.

Temple des éléphants

Sur la plateforme centrale qui surplombe le parking du cap trône un petit sanctuaire évocateur entouré de centaines de statues d'éléphants en bois, en céramique ou peintes à l'or, de toutes tailles et ornées de guirlandes de fleurs aux couleurs vives. Pour les bouddhistes, l'éléphant représente la sagesse et la force. Les fidèles viennent prier ici.

Phare

Surmonté de deux éléphants dorés, le phare de Laem Phromthep fut construit en 1996 pour commémorer le jubilé d'or du roi Bhumibol Adulyadej. On peut contempler le couchant depuis le sommet et prendre des photos sans être gêné par la foule. À l'entrée du phare, un très pratique panneau d'informations indique l'heure du lever et du coucher du soleil.

★ À savoir

- Au coucher du soleil, les touristes, arrivés en car, se massent sur le cap ; avant 16h, vous éviterez la foule, puis vous reviendrez le soir.
- Imitez les pêcheurs : empruntez le petit escalier abrupt et rejoignez la péninsule rocheuse qui se jette dans la mer en contrebas pour admirer le couchant.
- Pour une atmosphère plus intime, guettez le **Windmill Viewpoint** (จุดชมวิวกังหันลม ; Rte 4233), à 1,5 km au nord de Laem Phromthep.

Une petite pause ?

Rendez-vous chez Unni's (p. 100), sur la plage de Hat Nai Han.

Ne ratez pas les barbecues de la mer (p. 99), sur le front de mer de Hat Rawai.

★ Comment y aller

Pour éviter une rude grimpée, venez véhiculé jusqu'à Laem Phromthep, à 3 km au sud-ouest de Hat Rawai.

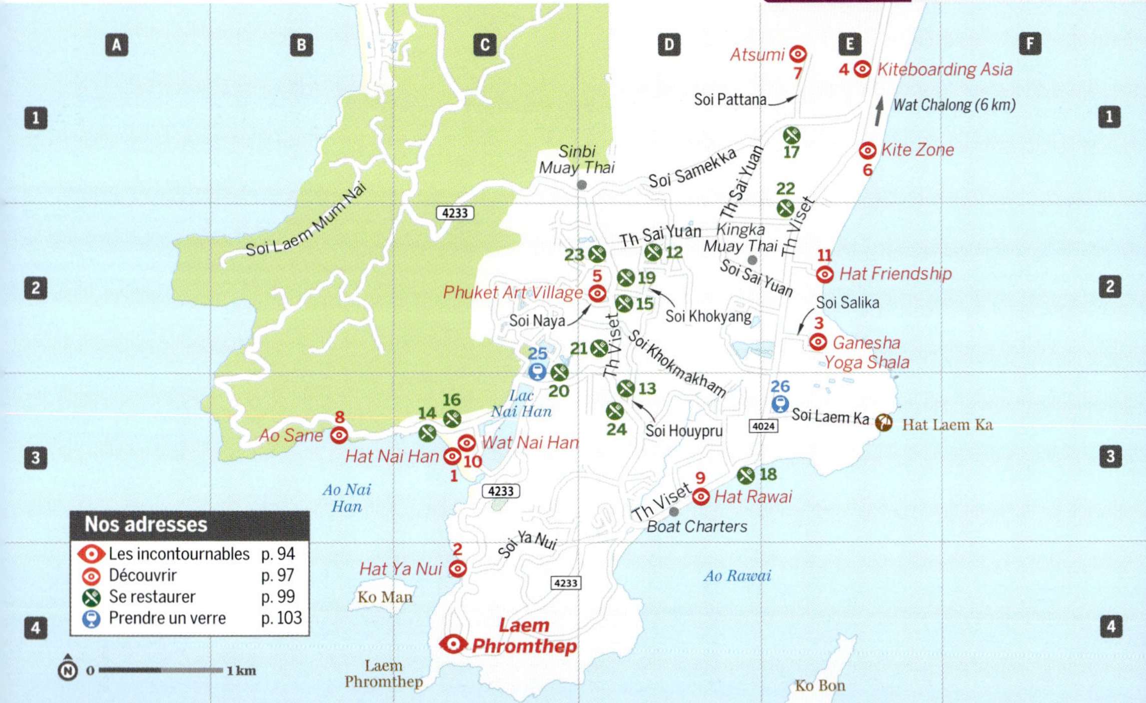
A
B
C
D
E
F
1
2
3
4
Atsumi 7
4 Kiteboarding Asia
Soi Pattana
Wat Chalong (6 km)
17
Kite Zone 6
Sinbi Muay Thai
Soi Samekka
Th Sai Yuan
22
Th Viset
4233
Soi Laem Mum Nai
Th Sai Yuan
Kingka Muay Thai
23
12
11 Hat Friendship
Soi Sai Yuan
5 Phuket Art Village
19
15
Soi Khokyang
Soi Salika
Soi Naya
3 Ganesha Yoga Shala
21
Th Viset
Soi Khokmakham
25
20
13
26
Lac Nai Han
16
14
8
24
Soi Houypru
4024
Soi Laem Ka
Hat Laem Ka
Ao Sane
Wat Nai Han
Hat Nai Han 10
1
9
18
4233
Ao Nai Han
Th Viset
Hat Rawai
Boat Charters
Nos adresses
Les incontournables p. 94
Découvrir p. 97
Se restaurer p. 99
Prendre un verre p. 103
2
Soi Ya Nui
Hat Ya Nui
Ao Rawai
4233
Ko Man
Laem Phromthep
0 1 km
Laem Phromthep
Ko Bon

Découvrir

Hat Nai Han

PLAGE

1 PLAN P. 96, C3

C'est la plage préférée des habitants. Ce magnifique croissant de sable à l'ouest de Laem Phromthep est bordé de casuarinas et d'un *wát* (temple). Baigné d'une eau turquoise, il compte parmi les lieux de baignade les plus prisés de Rawai (attention aux courants de fond en basse saison). (หาดในหาน)

Hat Ya Nui

PLAGE

2 PLAN P. 96, C4

À environ 700 m au nord de Laem Phromthep, nichée entre le cap et Hat Nai Han, là où la route descend vers la mer, cette crique calme et splendide abrite un beau récif, idéal pour le snorkeling. Hat Ya Nui est de toute beauté, avec ses eaux turquoise, un sable couleur miel, des montagnes tapissées de jungle en toile de fond et une île à l'horizon. Endroit couru au coucher du soleil. (หาดยะนุ้ย ; Rte 4233)

Ganesha Yoga Shala

YOGA

3 PLAN P. 96, E2

Professeur réputé, Julie Hirunchai dirige ce centre de yoga bien établi près de Hat Friendship (et la Rte 4024), vers le sud, et spécialisé dans l'ashtanga yoga de Mysore. Cours quotidien de 1 heure 30 (sauf samedi), avec des niveaux différents selon le jour – pas de réservation. Tapis, serviettes et eau fournis ; voir les horaires en ligne. (☎ 089 868 2639 ; www.ganeshayogaphuket.com ; 25/7 Soi Salika, Th Viset ; cours 350 B ; ⏲ dim-ven)

Kiteboarding Asia

KITESURF

4 PLAN P. 96, E1

Ce prestataire efficace et professionnel possède plusieurs représentants en Thaïlande. L'agence de Rawai propose la location du matériel (1 400/4 000 B par heure/jour) et des formations certifiées par l'IKO de novembre à avril ; pendant la mousson, elle opère depuis son agence (p. 135) de Hat Nai Yang. Cours de wakeboard (1 heure, 1 000 B). (☎ 081 591 4594 ; www.kiteboardingasia.com ; 26/4 Th Viset ; cours 1/3 jours 4 000/11 000 B ; ⏲ 9h-18h nov-avr)

Phuket Art Village

CENTRE ARTISTIQUE

5 PLAN P. 96, D2

De talentueux artistes thaïlandais ont fondé cette communauté bohème, près de l'artère principale de Rawai. Venez flâner parmi les maisons-ateliers-galeries, pleines d'œuvres d'art et de fantaisie. Vous croiserez peut-être l'un des 8 artistes résidents. (หมู่บ้านศิลปะภูเก็ต ; www.facebook.com/pages/Phuket-Art-Village/320158668080202 ; 28/68 Soi Naya ; gratuit ; ⏲ 8h-22h, horaires variables)

Kite Zone

KITESURF

6 PLAN P. 96, E1

Cette école de kitesurf détendue, tenue par des jeunes parlant

Boxe thaïlandaise à Rawai

Rawai est la place forte du *muay tai* (ou *moo·ay tai*) à Phuket, avec une poignée d'écoles où l'on peut résider et s'entraîner avec des boxeurs professionnels. Parmi les plus prisées, citons **Kingka Supa Muay Thai** (plan p. 96, D2 ; 076 226495 ; www.kingkamuaythai.com ; 43/42 Mu 7, Soi Sai Yuan, Th Viset ; 600/3 000 B par séance/sem ; 7h-19h), **Sinbi Muay Thai** (plan p. 96 , D1 ; 093 690 3322 ; www.sinbi-muaythai.com ; 100/15 Mu 7, Th Sai Yuan ; 400/3 000 B par séance/sem ; 7h30-18h lun-sam, 9h-18h dim) et, à Chalong, **Tiger Muay Thai** (076 367071 ; www.tigermuaythai.com ; 7/35 Mu 5, Soi Taiad ; 500/3 500 B par séance/sem ; 7h-19h lun-sam).

plusieurs langues, jouit d'un formidable perchoir sur Hat Friendship. Les cours (certifiés par l'IKO) vont de l'initiation de 1 heure à la formation de 10 heures sur 3 jours. D'avril à octobre, ils ont lieu à Hat Nai Yang (p. 135), dans le nord-ouest de l'île. Hébergements (700-1 400 B), location de matériel (1 200/3 500 B par heure/jour) et excursions en paddle (à partir de 700 B). (083 395 2005 ; www.kitesurfthailand.com ; Hat Friendship ; cours 1 600 B/heure, 10 000-15 000 B les 3 jours ; horaires variables)

Atsumi

SPA

7 PLAN P. 96, E1

Dans cet établissement axé sur le jeûne et la cure détox, les participants se contentent durant plusieurs jours d'eau, de jus de fruits et/ou d'herbes, et se font masser. On peut juste participer à des séances de spa, avec massages traditionnels thaïlandais, soins à l'huile, massages des tissus profonds et massages thaiatsu (thaï/shiatsu), spécialité de la maison, ou à des séances de yoga. Forfait journée (2 000-2 500 B) avec yoga et accès à la piscine. L'Atsumi gère le Raw Cafe Phuket (p. 102) voisin, axé sur le bien-être. (096 638 7654 ; www.atsumihealing.com ; 34/18 Soi King Pattana 4, Th Sai Yuan ; massages ou soins 600-1 500 B, forfait détox 7 050-10 500 B/jour ; 7h-19h, spa fermé mer)

Ao Sane

PLAGE

8 PLAN P. 96, B3

Au nord-ouest de Hat Nai Harn, sur la côte ouest de Rawai, la route semble déboucher sur une impasse. Pourtant, si vous dépassez le **complexe Nai Harn** (076 380 200 ; www.thenaiharn.com ; 23/3 Mu 1, Hat Nai Harn ; d avec petit-déj 6 960-23 250 B ; P ❄ ☎ ≈) et les nouveaux aménagements, vous parviendrez après 500 m de côte spectaculaire à la plage de sable blanc d'Ao Sane, petite mais splendide. Les visiteurs apprécient sa beauté brute et décontractée, et y reviennent volontiers. (อ่าวเสน)

Hat Rawai

PLAGE

9 PLAN P. 96, D3

Pas vraiment propice à la détente, Hat Rawai est une plage rocheuse aux eaux peu profondes à l'est de Laem Phromthep. Quantité de *long-tail boats* et de hors-bord viennent y mouiller, tandis que des restaurants-grills bon marché et joyeux jalonnent sa promenade toute simple. (หาดราไวย์)

Wat Nai Han

MONASTÈRE BOUDDHIQUE

10 PLAN P. 96, C3

Niché dans les arbres derrière la charmante Hat Nai Han, ce monastère en activité est l'une des raisons du faible aménagement du secteur. En arrivant à l'aube, vous pourrez voir les moines psalmodier les textes sacrés, voire vous joindre à eux ; venez demander la permission la veille. (วัดในหาน ; Hat Nai Han ; accès libre ; aube-crépuscule)

Hat Friendship

PLAGE

11 PLAN P. 96, E2

Une large plage sur la côte est de Rawai, correcte pour la baignade et prisée pour le kitesurf de novembre à avril. (หาดมิตรภาพ)

Se restaurer

Rum Jungle

INTERNATIONAL **$$$**

12 PLAN P. 96, D2

Parmi les meilleurs restaurants de Rawai, ce lieu semi-ouvert au toit de chaume et à l'excellente *world music* en fond sonore sert une cuisine italienne et internationale dans un cadre détendu et intimiste. Pâtes aux divines sauces maison, salades croustillantes, moules fraîches et filet de bœuf australien sont au menu. Et pour les végétariens, citons les aubergines à la parmigiana et les pâtes au gorgonzola. Réservez. (076 388153 ; www.facebook.com/rumjungle.rawai.phuket ; 69/8 Moo 1, Th Sai Yuan ; plats 190-690 B ; 11h-15h et 17h30-23h lun-sam nov-mars, 15h-23h lun-sam avr-oct ;)

Temple de Chalong

Vieux de 150 ans, le **Wat Chalong** (วัดฉลอง ; plan p. 96, E1 ; www.wat-chalong-phuket.com ; Rte 4021 ; don à l'entrée ; 7h-17h ; P) est le temple bouddhique le plus animé de Phuket. Haut de 61 m, son *chedi* (ajout plus récent) rose saumon de 3 étages compte 36 bouddhas dorés assis ou couchés, méditant autour de sa façade élaborée. Des *naga* vert et or bordent les balustrades et les bassins de lotus à l'arrière ; tout en haut trône ce qui serait un fragment d'os du Bouddha. Les cars de touristes y font escale ; arrivez tôt. Le site est à 7 km au nord-est du centre de Rawai.

Portez des vêtements décents ; jupes et châles sont disponibles au besoin.

Coffee Tribe

CAFÉ $$

13 PLAN P. 96, D3

Un café axé sur le bien-être, dans un cadre cool et branché. Les plats joliment préparés sont à base d'ingrédients frais, dont certains proviennent du potager. Savourez un smoothie, une omelette au blanc d'œuf, un sandwich au pain de seigle ou un granola bio au yaourt maison, avec un café bio expertement servi. (076 388134 ; www.coffeetribe.co.th ; 83/13 Mu 2, Th Viset ; repas 150-290 B ; 7h-18h30 ven-mer)

Rock Salt

INTERNATIONAL $$$

14 PLAN P. 96, C3

Les vagues se brisent au pied de la belle terrasse de ce restaurant qui domine le nord de Hat Nai Han. L'inventive carte méditerranéo-thaïlandaise joue avec les produits 100% bio et les influences internationales : pâtes aux petits pois et pesto, bouillabaisse aux fruits de mer de Rawai ou poisson du jour, à la vapeur ou au feu de bois. Charcuterie, fromages, pains et yaourts faits maison et longue carte des vins. (076 380200 ; www.thenaiharn.com ; 23/3 Mu 1, Th Viset, Hat Nai Han ; plats 500-850 B ; 7h30-10h et 12h30-23h ;)

Barbecues de la mer

Hat Rawai est bordée d'une dizaine de restaurants-grills de produits de la mer, où la pêche du jour grille au bord de la route (plats 90-300 B). On peut s'installer sur des chaises en plastique ou autour de tables basses, sur des couvertures disposées au sol. Poisson, crabes, palourdes, moules, calmars, homards et crevettes tigrées sont de première fraîcheur.

German Bakery

ALLEMAND $

15 PLAN P. 96, D2

Tenu par un couple germano-thaïlandais, ce plaisant restaurant semi-ouvert sert les meilleures pâtisseries de Rawai et attire les amateurs de petits-déjeuners. Bon pain complet, excellents pancakes à l'ananas et pain perdu ; honorables saucisses et choucroute. (Th Viset ; plats 80-200 B ; 7h30-16h30 ; P)

Unni's

INTERNATIONAL $$

16 PLAN P. 96, C3

À l'écart de Hat Nai Han, ce joyeux Unni's, de la populaire chaîne de Ko Phi Phi (p. 145), décline une carte internationale de *Buddha bowls*, wraps, salades, burgers, classiques thaïlandais et tapas, le tout servi dans un cadre élégant. Plats thaïlandais – du *pàt tai* aux currys *massaman* et *pá·naang* – disponibles en version végétarienne. (091 837 5931 ; www.facebook.com/unnisnaiharn ; 14/69 Mu 1, Hat Nai Han ; plats 170-350 B ; 7h30-21h ;)

Som Tum Lanna THAÏLANDAIS $$

17 PLAN P. 96, E1

Dans cette baraque à la cuisine de l'Isan, le *sôm·đam* (salade de papaye épicée) se commande de préférence doux – vous sentirez de toute façon la température monter. Les salades, déclinées en plusieurs versions, sont pilonnées dans une cuisine ouverte ; poisson, poulet et poêlées sont très bons également. (081 597 0569 ; 3/7 Th Sai Yuan, Hat Rawai ; plats 80-250 B ; 10h-16h mar-dim ; P)

Baan Rimlay THAÏLANDAIS $$

18 PLAN P. 96, D3

Au sud-ouest de l'embarcadère de Rawai, cette adresse ombragée sert palourdes, moules et poisson vapeur, calmars, crevettes et homards grillés à la perfection et d'excellentes salades de fruits de mer. Les plats (curry de crabe ou crevettes au tamarin) sont plus chers qu'ailleurs, mais on est en bord de mer. Groupes en voyage organisé parfois bruyants. (095 426 4494 ; Th Viset, Hat Rawai ; plats 100-400 B ; 10h-22h ; P)

A Spoonful of Sugar CAFÉ $$

19 PLAN P. 96, D2

Tout ce qu'on sert dans ce charmant café est sain et savoureux. Pancakes complets coiffés de mangue, kiwi et yaourt, omelettes aux légumes, longue carte des cafés, smoothies, jus de fruits et milk-shakes protéinés, à déguster dans une salle climatisée ou sur la terrasse qui l'entoure. (076 388432 ; www.facebook.com/

Wat Chalong (p. 99)

Location de bateaux

Les îles au sud de Phuket, telles Ko Bon et Coral Island, se visitent facilement en louant un *long-tail boat* ou un hors-bord depuis Hat Rawai. Les tarifs dépendront de votre talent de négociateur, mais devraient tourner autour de 1 200/2 400 B pour Ko Bon (*long-tail boat*/hors-bord).

spoonfulofsugar ; 30/10 Moo 1, Th Viset ; plats 90-180 B ; 8h-19h mar-dim nov-avr, 8h-17h mars-oct ;)

Natural Efe Macrobiotic World VÉGÉTARIEN $$

20 PLAN P. 96, C2

Cette adresse diététique sert des plats bio, sans sucre et vegan, tels les sandwichs au tofu, les salades de fruits secs et quinoa, la soupe de lentilles et les bols de petit-déjeuner. Les tables sont disposées près d'un bassin turquoise, dans une cour verdoyante. Buffet bio les week-ends (300 B) en haute saison, avec choix de thés, jus pressés et boissons saines (dont le lait de chanvre). (076 390301 ; www.macrobioticworld.com ; 14/93-94 Moo 1, Th Viset ; plats 140-300 B ; 9h-21h ;)

Delish Cafe CAFÉ $$

21 PLAN P. 96, D2

Les somptueux petits-déjeuners maison, avec café de Chiang Rai, avocats de Chiang Mai, confitures artisanales, bols de muesli aux fruits, croissants fourrés et pain perdu avec mangue acidulée sur du pain fait maison, sont l'atout de cet accueillant café tenu par des Australiens. Terrasse frangée de fleurs en bord de route ou salle climatisée. (076 388 149 ; www.facebook.com/DelishCafePhuket ; 5/30 Th Viset ; repas 140-210 B ; 7h30-17h lun-sam ;)

Raw Cafe Phuket CUISINE SAINE $$

22 PLAN P. 96, E2

Très prisé, ce café diététique en bord de route sert d'inventifs plats végétariens – bols de granola, rouleaux de courgette, salades d'avocat, hamburgers courgettes-amandes, poêlées de riz brun – dans un cadre minimaliste en bois et béton, ou sur une terrasse fleurie. Jus de fruits et smoothies délicieux ; testez l'Ultimate Cleanse, orange-pastèque. (076 298224 ; www.atsumirawcafe.com ; 99/1 Mu 7, Th Viset ; repas 150-280 B ; 9h-20h ;)

Gallery Cafe CAFÉ $$

23 PLAN P. 96, D2

La formule gagnante de cette populaire chaîne de restauration : des petits-déjeuners en continu et des en-cas internationaux ou thaïlandais – pancakes au babeurre, omelettes champignons-épinards, pain perdu épicé, smoothies, pâtes légères, riz et nouilles sautées, ou jus de fruits. (076 602839 ; 39/12 Th Sai Yuan ; repas 140-350 B ; 8h-17h ;)

Number 1 Thai Food THAÏLANDAIS $

24 PLAN P. 96, D3

Si l'endroit paraît modeste, ce charmant café-restaurant installé dans le jardin du chef sert de délicieux plats thaïlandais, comme le curry *pá·naang* frémissant à la crème de coco, les crevettes gluantes au tamarin, la soupe de poisson épicée et poisson frais du jour. (83/40 Moo 2, Th Viset ; plats 100-150 B ; 16h-minuit)

Prendre un verre

Reggae Bar BAR

25 PLAN P. 96, C2

Dans un vieux hangar en bois, ce bar décoré d'un fatras créatif vibre au son du reggae. Atelier de maroquinerie le jour, le lieu accueille le soir jam-sessions et concerts improvisés, barbecues et fêtes. Des groupes s'y produisent, souvent locaux et parfois célèbres. Murs couverts d'œuvres d'art et de graffitis fluorescents. (Th Viset ; 12h-tard, horaires variables)

Nikita's BAR

À l'ouest de l'embarcadère de Rawai (voir 18 plan p. 96, D3), ce bastion ouvert avec vue sur la mer sert bières et cocktails à prix abordables (telle la margarita à la mangue), café, thé vert et milk-shakes. Également pizzas au feu de bois, plats internationaux et options de la mer (220-500 B). (076 288703 ; www.nikitas-phuket.com ; Hat Rawai ; 9h30-23h ;)

Chalong Bay Rum

Chalong, à 9 km au nord de Rawai, abrite la seule distillerie en activité de Phuket. **Chalong Bay Rum** (ฉลองเบย์รัม ดิสทิลเลอรี ; 093 575 1119 ; www.chalongbayrum.com ; 14/2 Mu 2, Soi Palai 2, près de Th Chao Fa East ; circuit 450 B ; 11h-22h, circuits ttes les heures 14h-18h ; P) a été créée par un couple français : Marine Lucchini et Thibault Spithakis. Au terme de la visite de 30 minutes, vous goûterez le délicieux rhum maison dans un *mojito*. Ateliers cocktails de 2 heures (lun-jeu ; 1 700 B) ; réservez, notamment pour avoir les indications fort utiles ; à 3 km au nord-est de Chalong Circle, prenez à droite (à l'est) au niveau des panneaux du Phuket Zoo, puis suivez les indications.

Laguna Rawai Plaza CLUB, BAR

26 PLAN P. 96, E3

L'un des rares lieux nocturnes de ce secteur tranquille, le Laguna s'anime le week-end, attirant une foule hétéroclite de Thaïlandais, d'étrangers et de "filles". En face, une série de bars permet de faire étalage de ses talents au billard. Les bars sont ouverts jusqu'à 2h, voire plus tard ; la discothèque ouvre en fin de soirée. (098 031 2700 ; www.lagunarawai.com ; 178/15 Mu 2, Th Viset ; 15h-2h ;)

Explorer

Hat Kamala

Moins négligée que Karon et moins clinquante que Surin, Kamala (หาดกมลา), composée d'une nombreuse population musulmane, attire des visiteurs discrets au long cours, comme les familles, les retraités et les jeunes couples. La vaste baie dorée est magnifique et paisible, et palmiers et pins se mêlent sur sa pointe nord, rocheuse et luxuriante. L'ouverture de deux clubs de plage marque un virage haut de gamme pour Kamala – qui, toutefois, demeure relativement décontractée.

En bref

- ***Hat Kamala (p. 107)*** *Un moment de détente sur la plage de sable blond bordée de pins, ou pour une séance de surf.*
- ***Clubs de plage (p. 109)*** *La magie de Phuket dans la poignée de clubs de plage chics au nord de Hat Kamala.*
- ***Resort de Keemala (p. 107)*** *Une escapade dans les collines tapissées de jungle pour un soin ou un repas bio dans un resort éco-responsable.*
- ***Mémorial du Tsunami (p. 107)*** *Un poignant témoignage du passé récent de Kamala.*

Comment y aller et circuler

Comptez 700 B depuis/vers l'aéroport et 200-300 B pour Surin.

Le Phuket Smart Bus circule depuis/vers l'aéroport (150 B, ttes les heures), les plages de la côte ouest et Rawai.

Sŏrng·tăa·ou Des camionnettes de passagers circulent depuis/vers Phuket-ville (40 B) et Surin (20 B) ; de 7h à 17h.

Plan de Hat Kamala p. 106

Hat Kamala (p. 107) DENIS COSTILLE/SHUTTERSTOCK ©

A
B
C
D
1
2
3
4
5
6
0
500 m
Nos adresses
Découvrir p. 107
Se restaurer p. 108
Prendre un verre p. 109
10
8
4025
Hat Kamala 1
Soi Police Station
MER D'ANDAMAN
Mémorial du Tsunami 2
Oasis Spa 4
Th Rim Hat
6
5
7
9
Th Nakalay
Th Hua Khuan Tai
Th Khok Yang
4233
3
Mala Spa

Découvrir

Hat Kamala

PLAGE

1 PLAN P. 106, C3

Cette étendue de sable blanc bien délimitée, à l'ambiance essentiellement paisible et champêtre, est encadrée de deux promontoires verdoyants donnant sur une baie turquoise avec, au nord, un ou deux clubs de plage clinquants. (หาดกมลา)

Mémorial du Tsunami

MÉMORIAL

2 PLAN P. 106, B4

Kamala fut sévèrement frappée par le tsunami du 26 décembre 2004. Le Heart of the Universe Memorial (2006), d'Udon Jiraksa, célèbre artiste thaïlandais, rend hommage aux disparus. (อนุสรณ์สถานสึนามิ)

Surf à Kamala

Durant la mousson (mai-octobre), on peut louer surfs (300 B/heure) et paddles (400 B/heure), ou prendre des cours de surf (1 500 B).

Mala Spa

SPA

3 PLAN P. 106, B6

Dans ce spa fabuleux, logé au sein du féerique *resort* de Keemala (p. 149), à 2 km dans les terres, au sud de Kamala, des masseurs experts proposent d'excellents soins, unissant tradition et innovation, à base de produits bio et responsables. Massages, soins du visage, gommages et enveloppements corporels,

Mémorial du Tsunami

Phuket Fantasea

Impossible d'ignorer les brochures, tour-opérateurs et autres rabatteurs qui font la publicité de Phuket Fantasea, le "parc à thème culturel" à l'est de Hat Kamala. Ce parc, qui a coûté 60 millions de dollars, est présenté comme l'une des meilleures "attractions familiales" de l'île. Néanmoins, renseignez-vous bien sur les problèmes relatifs au bien-être animal avec ce genre de spectacle digne de Las Vegas. Les animaux sont contraints de "se produire" tous les jours.

bains aux huiles essentielles et soins curatifs sont prodigués dans de vastes huttes, avec douches extérieures. Testez l'enveloppement détox (90 min) aux algues bio. (076 358777 ; www.keemala.com ; 10/88 Mu 6, Th Nakasud ; massages 2 900-5 500 B ; 9h-21h)

Oasis Spa

SPA

4 PLAN P. 106, C4

Un excellent spa de jour, aux délicates fontaines et au décor de style thaïlandais classique, situé dans le haut de la catégorie moyenne, et qui compte nombre d'enseignes en Thaïlande (dont Kata et Ao Bang Thao). Massages à l'huile chaude ou ayurvédiques, enveloppements à l'argile aromatisée aux herbes, gommages... Une formule (à partir de 2 700 B) à composer soi-même. (076 337777 ; www.oasisspa.net ; 128 Mu 3, Th Rim Hat ; massages ou soins 1 200-4 600 B ; 10h-22h)

Se restaurer

Blue Manao

THAÏLANDAIS $$

5 PLAN P. 106, B4

Ce restaurant décontracté, tenu par des Français, a plus de cachet que ses concurrents et une carte plus personnalisée. Si les fruits de mer – barracuda, calmar au curry jaune, crevettes tigrées grillées – sont un atout évident, les currys thaïlandais traditionnels (à la viande, au poisson et aux légumes) sont excellents, comme les desserts européens. L'endroit compte son propre bar. (084 849 3830 ; 93/13 Mu 3, Th Rim Hat ; plats 130-500 B ; 12h30-23h tlj, fermé mer mai-août, et sept ;)

Taste Bar & Grill

INTERNATIONAL, THAÏLANDAIS $$$

6 PLAN P. 106, B4

Au milieu d'ardoises colorées affichant les plats du jour, cette élégante adresse avec terrasse concocte de fabuleuses galettes cuites au four à pizza, avec de délicieuses garnitures fusion (aubergines grillées-basilic thaï-mozzarella) et des plats inventifs telle la dorade cendrée glacée au tamarin. En-cas, de la bruschetta aux champignons au riz gluant à la mangue. (087 886 6401 ; www.tastebargrill.com ; Th Rim Hat ; plats 290-590 B ; 6h-tard ;)

Isaan Popeye Thai Food

THAÏLANDAIS **$**

7 PLAN P. 106, C4

On y croise des habitants attablés. Ce lieu accueillant et sans façons prépare des plats authentiques et épicés du Nord-Est, des fruits de mer frais et de classiques poêlées avec nouilles, comme le *pàt tai* à l'omelette. Petits-déjeuners à l'occidentale. À 500 m (5 min à pied) de la plage, dans les terres. (74/43 Mu 3 ; plats 80-250 B ; 9h30-22h ;)

Meena Restaurant

THAÏLANDAIS **$**

8 PLAN P. 106, C1

Cette cabane de plage tenue en famille est une vraie trouvaille. La cuisine thaïlandaise, comme les milk-shakes aux fruits frais, est authentique et exceptionnelle. Au nord de la plage, dans un cadre rustique typique de Kamala, le Meena a changé plusieurs fois d'adresse en raison du nettoyage de la plage – renseignez-vous sur place. (plats 80-150 B ; 9h-17h nov-avr)

Mam's Restaurant

THAÏLANDAIS, INTERNATIONAL **$$**

9 PLAN P. 106, D4

D'ici, on ne voit pas la plage, mais les expatriés ne jurent que par ce restaurant modeste et tranquille, dont les quelques tables sont installées dans le patio d'une demeure familiale. On y sert les classiques thaïlandais (dont les currys *massaman*), ainsi que des hamburgers, pâtes, kebabs et *fish and chips*. À 400 m à l'est (dans les terres) de la route principale. (089 032 2009 ; 32/32 Soi 8, Th Hua Khuan Tai ; plats 100-350 B ; 12h-22h)

Mala Restaurant

THAÏLANDAIS, INTERNATIONAL **$$$**

Logé dans le Keemala (voir 3 Plan p. 106, B6), un *resort* éco-responsable entouré de jungle, ce restaurant affiche une vaste carte de plats thaïlandais, indiens et internationaux, bien présentés et à base de produits du jardin. La décoration et le cadre évoquant une maison dans les arbres créent une ambiance de safari raffinée. Service charmant, bons vins et plats créatifs, à 2 km au sud de Kamala. (076 358777 ; www.keemala.com ; 10/88 Mu 6, Th Nakasud ; plats 300-800 B ; 7h-22h ; P)

Prendre un verre

Café del Mar

LOUNGE

10 PLAN P. 106, C1

L'enseigne d'Ibiza débarque à Phuket avec cet audacieux club de plage, au nord de Hat Kamala. Parasols et lits de plage sont disposés autour d'une piscine scintillante ; une terrasse multiniveaux accueille des DJ sets et des brunchs dominicaux (à partir de 1 860 B). Plateaux de charcuterie, pâtes aux crevettes et currys *massaman* cohabitent sur une carte cosmopolite (290-900 B). (081 188 1230 www.cafedelmarphuket.com ; 118/19 Mu 3 ; 11h-2h)

Explorer

Hat Surin

Avec ses vastes étendues de sable blond, baignées d'eaux turquoise virant au bleu marine à l'horizon, et ses promontoires rocheux, Surin (สุรินทร์) est l'un des plus beaux sites de Phuket. Destination très haut de gamme (mais pas seulement), elle a été particulièrement touchée par les sévères mesures d'éradication des restaurants et bars de front de mer non autorisés. Certains diront que c'est une bénédiction, d'autres pourraient trouver Surin un peu trop calme.

Notre sélection

- ***Hat Surin et Hat Pansea (p. 113)*** *Baladez-vous sur ces deux sublimes plages de sable doré séparées par un luxuriant promontoire.*
- ***Relax (p. 114)*** *Il n'y a pas grand-chose d'autre à faire à Surin que lézarder au bord de l'eau, s'offrir un massage, puis faire un tour dans quelques boutiques avant d'aller dîner.*
- ***Brunch au Twin Palms (p. 114)*** *Goûtez au glamour de Phuket en allant prendre un brunch le dimanche dans cet hôtel, comme aiment le faire les habitants.*

Comment y aller et circuler

Depuis/vers l'aéroport 500-700 B, depuis/vers Phuket-ville 700 B.

Le Phuket Smart Bus dessert l'aéroport (150 B, ttes les heures), ainsi que les plages de la côte ouest et Rawai.

Sŏrng·tăa·ou Depuis/vers Phuket-ville (40 B), depuis/vers Kamala (20 B) ; de 7h à 17h.

Plan de Hat Surin p. 112

Hat Pansea (p. 113) IMAGEBROKER/ALAMY STOCK PHOTO ©

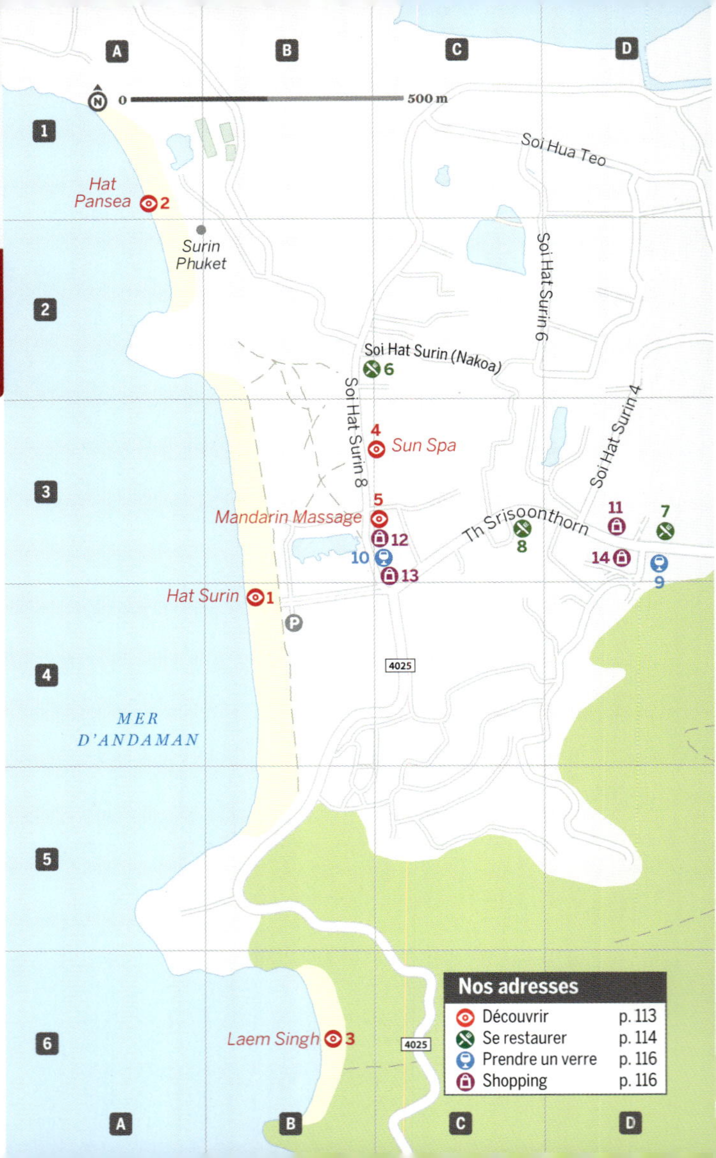
A
B
C
D
0
500 m
1
2
3
4
5
6
Hat Pansea 2
Surin Phuket
Soi Hua Teo
Soi Hat Surin 6
Soi Hat Surin (Nakoa)
6
Soi Hat Surin 8
4 Sun Spa
Soi Hat Surin 4
5
Mandarin Massage
12
10
13
Th Srisoonthorn
8
11
7
14
9
Hat Surin 1
4025
MER D'ANDAMAN
Laem Singh 3
4025
Nos adresses
Découvrir p. 113
Se restaurer p. 114
Prendre un verre p. 116
Shopping p. 116

Découvrir

Hat Surin

PLAGE

1 CARTE P. 112, B4

Superbe étendue de sable blond baignée par les vagues de la mer d'Andaman, Hat Surin a été particulièrement touchée par la politique de nettoyage : tous ses restaurants, bars et clubs de plage ont été contraints de fermer ou de se délocaliser. Pour autant, Surin conserve un caractère accueillant avec une ambiance de village et sa plage, presque vide, offre un agréable répit après l'ambiance survoltée d'autres plages de Phuket. (หาดสุรินทร์)

Hat Pansea

PLAGE

2 CARTE P. 112, A1

Juste au nord de Hat Surin, cette charmante petite bande de sable blanc-doré, isolée entre deux promontoires verdoyants, abrite deux luxueux *resorts*. Un lieu magique au coucher du soleil. (หาดพันซี)

Grand nettoyage des plages de Phuket

Depuis 2014, des mesures de répression sévères ont été prises contre les constructions et les activités commerciales sauvages sur les plages surpeuplées de Phuket.

Initialement, tous les transats, chaises longues et autres parasols de location ont été interdits – ils ont été évacués par milliers sous la surveillance de soldats en armes. Vendeurs, masseuses et restaurants installés sur le sable ont dû aussi quitter les lieux. Les constructions qui empiétaient sur les plages de manière illégale ont été rasées, y compris des restaurants et discothèques établis de longue date, et d'autres ont vu leurs dimensions réduites de façon radicale.

L'opération balayage a été plus ou moins drastique selon les plages. Point positif : les plages sont plus propres et moins encombrées qu'avant. On trouve encore des matelas de plage et des parasols à louer, en nombre limité toutefois et dans des zones réservées correspondant à 10% de la superficie de la plage. En 2017, on a vu revenir les lits de plage, mais là aussi seulement sur les 10% d'espace autorisé. Les touristes peuvent installer leurs propres parasols et sièges dans les zones autorisées. Certes, tout le monde ne respecte pas ces nouvelles réglementations. Les Jet-Ski, interdits au départ, sont encore très présents à Patong. Certains établissements condamnés à fermer se sont tout simplement installés ailleurs.

Bref, la situation est complexe et mouvante.

Laem Singh PLAGE

3 PLAN P. 112, B6

Laem Singh, cap encadré de falaises, à 1 km au sud de Surin, recèlerait les plus belles plages de l'île. Habituellement, on se gare sur le promontoire et on descend par le sentier escarpé au milieu de la jungle, mais lors de notre passage, ce dernier était fermé avec le projet d'établir ici un hôtel de luxe. Pour le moment, on peut accéder à Laem Singh en bateau depuis le sud de Hat Surin (aller-retour 100 B/pers, 400 B pour le bateau entier). (แหลมสิงห์ ; P)

Sun Spa SPA

4 PLAN P. 112, C3

Faites-vous dorloter grâce à un soin du visage "Travellers' Revival", un enveloppement d'argile blanche, un bain d'herbes thaïlandaises et/ou un massage Surin dans le luxueux spa de l'hôtel Twin Palms, en retrait de la plage. Également des massages pour femmes enceintes et des soins de beauté. Mention spéciale pour les manucures et pédicures grand luxe. (076 316500 ; www.twinpalms-phuket.com ; Twin Palms, 106/46 Mu 3 ; massages ou soins 1 500-3 900 B ; 11h-20h30)

Mandarin Massage SPA

5 PLAN P. 112, C3

Salon de massage sympathique, bon marché, propre et climatisé, proposant une gamme restreinte mais agréable de massages thaïlandais classiques et de massages à l'aloe vera pour ceux qui ont la peau asséchée par le soleil. (081 614 1204 ; 106/38 Mu 3 ; massages 500 B ; 10h-minuit)

Se restaurer

Surin Chill House THAÏLANDAIS, INTERNATIONAL $$

6 PLAN P. 112, B2

Très prisé pour son café, ses gâteaux et ses petits-déjeuners (salades de fruits, omelettes, gaufres, etc.), cet endroit décontracté aux allures de café sert aussi toutes sortes d'autres mets : currys thaïlandais épicés, salades, produits de la mer, bonnes pizzas et quelques plats internationaux. Les ingrédients sont frais, l'équipe est accueillante et l'ambiance familiale. (076 636254 ; www.facebook.com/surin-chill-house-135990500200614 ; 107/3 Mu 3 ; plats 130-450 B ; 8h30-16h et 18h-22h mar-dim ;)

Oriental Spoon THAÏLANDAIS, INTERNATIONAL $$$

Le restaurant raffiné (voir 4 Plan p. 112, C3) du *resort* **Twin Palms** (d 8 500-17 600 B, ste 13 000-30 000 B ; P) est très prisé pour son brunch du dimanche (1 980 B). Il sert aussi des mets thaïlandais et internationaux élégamment préparés, dont une sélection inhabituelle de plats peranakan (cuisine mêlant les influences thaïlandaises, chinoises et malaises, à la fois épicée et aigre, avec beaucoup de tamarin et de citronnelle). Savoureux currys végétariens et *massaman*. Belle carte des vins. (076 316500 ; www.twinpalms-phuket.com ; Twin Palms, 106/46 Mu 3 ; plats 290-1 300 B ; 11h-23h ; P)

Bocconcino

ITALIEN $$$

7 PLAN P. 112, D3

Chez ce traiteur italien, les glaces maison, raffinées et rafraîchissantes, sont typiques de Surin. Ce restaurant élégant, prisé des expatriés, abrite un trésor : vins italiens, café, gâteaux, fromages et charcuteries, et propose pâtes maison, pizzas, paninis et plats du jour. Également des salades traditionnelles du type tomates-mozzarella. À 600 m à l'est de Hat Surin. (076 386532 ; www.bocconcinophuket.com ; 8/71 Mu 3, Th Srisoonthorn ; plats 300-500 B ; 9h-22h août-avr, 11h30-22h mai-juil ;)

Blue Lagoon

THAÏLANDAIS $

8 PLAN P. 112, C3

Ce sympathique restaurant familial sert de savoureux classiques thaïlandais (*sôm·đam* – salade de papaye verte épicée –, currys, soupes de nouilles) et des petits-déjeuners occidentaux. Avec sa terrasse en bord de route, ses nappes à carreaux et ses lanternes suspendues, il offre une ambiance bon enfant comme rarement à Surin. (087 923 8235 ; Th Srisoonthorn ; plats 120-200 B ; 9h-23h)

Sôm·đam

Beach Bar

Le discret **Beach Bar** (plan p. 112, A2 ; 076 316400 ; www.thesurinphuket.com ; Surin Phuket, 118 Mu 3, Hat Pansea ; 9h-minuit ;), aux allures de pagode, du luxueux Surin Phuket se niche dans un cadre grandiose, sur le sable blanc à l'extrémité sud de la superbe Hat Pansea. Un endroit rêvé au coucher du soleil quand les lanternes s'allument et que l'horizon flamboie. Délicieux cocktails tropicaux (180-250 B). Happy hours avant et après le dîner.

Prendre un verre

Phuket Coffee Lab

CAFÉ

9 PLAN P. 112, D3

Le cadre est sobre et fonctionnel car ici tout tourne autour du café fraîchement torréfié, des petits lots de grains d'origine unique thaïlandaise ou internationale. D'habiles *baristas* servent des cafés artisanaux (65-120 B) et assurent des stages de formation professionnelle. Possibilité de faire un savoureux brunch à base de toasts à l'avocat, d'omelette à la feta et aux courgettes ou autre (165-220 B). À 700 m de Hat Surin vers l'intérieur. (080 534 5512 ; www.facebook.com/phuketcoffeelab ; 116/4 Mu 3, Th Srisoonthorn ; 8h-16h mar-dim ;)

9th Glass Wine Bar & Bistro

BAR À VIN

10 PLAN P. 112, C3

Petite sœur du très populaire restaurant 9th Floor de Patong, ce bar intime et élégant offre la plus longue carte des vins de Surin (160 vins d'Europe, Australie, Nouvelle-Zélande ou Afrique du Sud), des cocktails et des liqueurs. Pour se sustenter : tapas, salades ou plats de style occidental (280-675 B). (www.the9thglass.com ; 106/16 Mu 3 ; 16h-22h30 lun-sam)

Shopping

Chandra

MODE ET ACCESSOIRES

11 PLAN P. 112, D3

Les fashionistas adoreront cette boutique étincelante et sophistiquée qui attire une clientèle jeune et glamour. Des robes légères originales, de souples kaftans, des kimonos en soie et des bikinis parés de bijoux sont conçus ici ou proviennent de toute l'Asie du Sud-Est. La tendance est aux tonalités naturelles, minimalistes, avec des éclats de couleur. Pour les hommes : chemises en lin, gilets en soie mélangée et pantalons en coton. (076 621552 ; www.chandra-exotic.com ; 8/44 Mu 3, Th Srisoonthorn ; 10h-19h lun-sam)

Lemongrass House

BEAUTÉ

12 PLAN P. 112, C3

Le meilleur fabricant de produits de beauté et de soin 100% naturels de Phuket abrite

Hat Surin (p. 113)

des rayonnages garnis d'une profusion de lotions hydratantes, gommages corporels, huiles essentielles, savons, shampoings exotiques, baumes pour les lèvres et autres gels douche – tous parfumés de délicieux arômes exotiques (jasmin, thé vert, rose, papaye, citronnelle, etc.). Le répulsif antimoustique naturel à la lavande et à la citronnelle est très efficace. (☎076 325501 ; www.lemongrasshousethailand.com ; 106/13 Mu 3 ; ⏲9h-20h)

Oriental Fine Art

ANTIQUITÉS, OBJETS D'ART

13 PLAN P. 112, C3

L'une des meilleures collections d'art traditionnel d'Asie du Sud-Est en Thaïlande. Cet espace d'exposition digne d'un musée abrite un bouddha haut de 3 m incrusté de pierres précieuses, un autel ancien en teck, des sculptures en terre cuite, du mobilier chinois en bois et autres belles surprises. Tout est à vendre. (☎076 271144 ; heritage99@hotmail.com ; 106/19-20 Mu 3 ; ⏲10h-19h)

Soul of Asia

OBJETS D'ART

14 PLAN P. 112, D3

Une belle galerie pleine d'objets d'art raffinés d'Asie du Sud-Est et de Chine, traditionnels et modernes. Également quelques antiquités, gravures et lithographies originales de grands noms comme Picasso, Miró et Warhol. (☎076 271629 ; www.soulofasia.com ; Surin Plaza, 5/50 Mu 3, Th Srisoonthorn ; ⏲10h30-19h lun-sam, 14h-18h dim)

Explorer

Ao Bang Thao et Cherngtalay

Étiré sur 8 km de sable blanc poudreux, Hat Bang Thao (หาดบางเทา) borde le district animé de Cherngtalay (เชิงทะเล) au nord-ouest de Phuket. L'extrémité sud est émaillé de clubs de plage et de resorts de catégorie moyenne. Au centre, le Laguna Phuket regroupe des complexes hôteliers. Dans les terres, on découvre un vieux village de pêcheurs, à dominance musulmane, sillonné de canaux, ainsi que quelques excellents restaurants. À la pointe nord d'Ao Bang Thao (อ่าวบางเทา), la nature reprend ses droits, n'offrant plus au regard qu'une paisible étendue de sable blanc.

Notre sélection

- ***Plages (p. 121)*** *Les plus belles plages de Phuket et ses clubs de plage les plus chics.*
- ***Délices de la table (p. 122)*** *Parmi les meilleures cuisines internationales de Phuket.*
- ***Plaisirs des spas (p. 121)*** *Des petits instituts chaleureux et bon marché aux sensations cinq étoiles.*

Comment y aller et circuler

Depuis/vers l'aéroport 700 B, depuis/vers les plages du sud-ouest 900 B.

Phuket Smart Bus relie l'aéroport (100 B, ttes les heures), les plages de la côte ouest et Rawai.

Sŏrng·tăa·ou et túk-túk Camionnettes équipées de banquettes depuis/vers Phuket-ville (35 B, 7h-17h) ; *túk-túk* 450 B.

Plan d'Ao Bang Thao et Cherngtalay p. 120

Le Banyan Tree Spa (p. 121) MICHAEL SNELL/ALAMY STOCK PHOTO ©

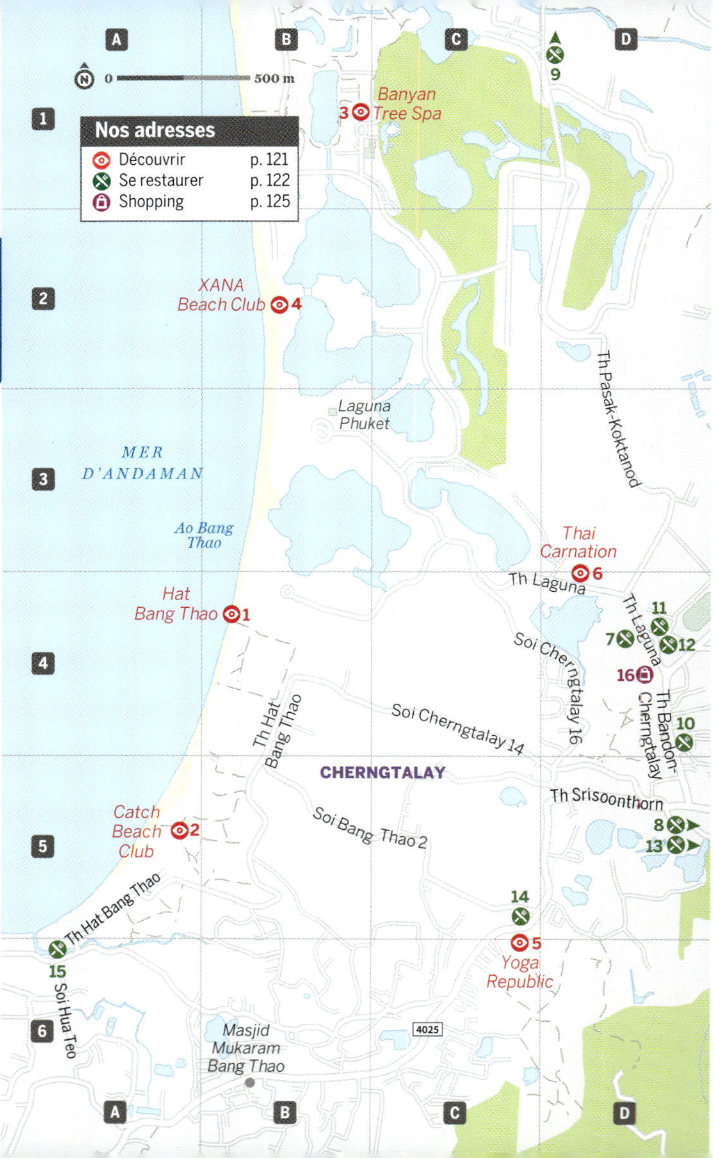
A
B
C
D
0 500 m
Nos adresses
Découvrir p. 121
Se restaurer p. 122
Shopping p. 125
Banyan Tree Spa
3
9
XANA Beach Club
4
Laguna Phuket
MER D'ANDAMAN
Ao Bang Thao
Th Pasak-Koktanod
Thai Carnation
6
Th Laguna
Hat Bang Thao
1
11
7
12
16
Soi Cherngtalay 16
Th Laguna
Th Bandon-Cherngtalay
10
Th Hat Bang Thao
Soi Cherngtalay 14
CHERNGTALAY
Th Srisoonthorn
Catch Beach Club
2
Soi Bang Thao 2
8
13
Th Hat Bang Thao
14
5
Yoga Republic
15
Soi Hua Teo
4025
Masjid Mukaram Bang Thao
1
2
3
4
5
6

Découvir

Hat Bang Thao

PLAGE

1 PLAN P. 120, B4

Étirée sur 8 km, Hat Bang Thao est l'une des plages les plus longues et les plus idylliques de Phuket. Une immense étendue de sable sur laquelle on a juste envie de lézarder, avec au sud des bungalows trois étoiles, au milieu de luxueux *resorts* et, aujourd'hui, 2 ou 3 clubs de plage à la pointe nord et à la pointe sud. (หาดบางเทา)

Catch Beach Club

CLUB DE PLAGE

2 PLAN P. 120, A5

Le Catch est sans doute le plus branché des clubs de plage de Phuket (aujourd'hui transféré de Surin au sud de Hat Bang Thao). Arborez votre tenue de plage la plus chic pour lézarder dans une ambiance festive avec vue sur le sable blanc et la mer turquoise. Le forfait journée inclut serviettes, douches en plein air, boissons et nourriture. Le bar-restaurant en bord de plage (p. 123) reste animé tard. (☎065 348 2017 ; www.catchbeachclub.com ; 202/88 Mu 2, Hat Bang Thao ; forfait 2 000 B/jour ; 9h-tard)

Banyan Tree Spa

SPA

3 PLAN P. 120, B1

Dans le spa très prisé de ce luxueux *resort*, on a l'embarras du choix : soins d'inspiration indienne et thaïlandaise, gommages aux fruits et aux épices, massages traditionnels thaïlandais, bains calmants et détoxifiants, soins

Le Catch Beach Club

KEVIN HELLON (HKT)/ALAMY STOCK PHOTO ©

Masjid Mukaram Bang Thao

Bien visible avec sa façade couleur crème et ses coupoles revêtues de mosaïques vertes, la **Masjid Mukaram Bang Thao** (มัสยิดมุการ์รัมบางเทา ; plan p. 120, B6 ; Rte 4025 ; entrée libre ; aube-crépuscule) est une mosquée très fréquentée par une communauté musulmane qui installe des carioles de savoureuse nourriture halal dans la rue juste devant. C'est l'occasion d'avoir un aperçu sur la vie locale. Visiteurs bienvenus.

du visage apaisants, etc. On peut opter pour un forfait couple ou réserver une journée entière au spa. Réservation impérative. (076 372400 ; www.banyantreespa.com ; Laguna Phuket, 33/27 Mu 4, Th Srisoonthorn ; massages ou soins 3 000-10 000 B ; 10h-22h)

XANA Beach Club — CLUB DE PLAGE

4 PLAN P. 120, B2

Sur une bande de sable immaculé, au centre de Hat Bang Thao, ce club attire une clientèle branchée et festive. Décor blanc rehaussé de rouge, piscine surélevée de 35 m de long, avec bar et matelas dans l'eau, cabanons pour 8 personnes, "Sunday Fun Brunch", super sono et sets de DJ internationaux. Voir sur Internet les manifestations à venir. (076 358500 ; www.xanabeachclub.com ; Angsana Laguna Phuket, 10 Mu 4, Th Srisoonthorn, Hat Bang Thao ; 10h-minuit, horaires réduits mai-oct)

Yoga Republic — YOGA

5 PLAN P. 120, C6

Ce lieu élégant et contemporain, agrémenté d'un bar à jus, décline un excellent choix de cours de yoga pour tous niveaux (sans réservation). Il est tenu par Jack Farras, yogi chevronné, et se situe sur la Rte 4025, à 2 km à l'est du sud de Hat Bang Thao. Horaires des cours sur Internet. (082 280 3914 ; www.yogarepublic.co ; 123/3-5 Mu 5, Th Srisoonthorn ; cours 550 B ; 9h-20h)

Thai Carnation — CENTRE DE MASSAGE

6 PLAN P. 120, D4

Simple mais très pro, ce spa d'un remarquable rapport qualité/prix, à 1,5 km à l'est de Hat Bang Thao, comporte des salles privées et des masseuses bien formées, le tout dans une ambiance locale. Pour évacuer les tensions : massage thaïlandais classique, massage indien de la tête ou gommage asiatique. (076 325565 ; www.thai-carnation.com ; 64 Th Laguna ; massages ou soins 500-1 400 B ; 11h-22h30)

Se restaurer

Bampot — INTERNATIONAL $$$

7 PLAN P. 120, D4

Alcôves bleu clair, cuisine ouverte, murs en brique blancs ornés de tableaux composent le cadre où officie l'ambitieux chef Jamie Wakeford dans l'esprit cuisine européenne moderne (risotto au pesto à la noix de cajou, saumon croustillant et fenouil braisé, tempura de chou-fleur et mayonnaise à la truffe). Cocktails inventifs, excellents vins et service aimable et professionnel. Bref, l'un des meilleurs restaurants internationaux de Phuket. (☎093 586 9828 ; www.bampot.co ; 19/1 Mu 1, Th Laguna ; plats 550-1 200 B ; ⏲18h-minuit, fermé lun mai-nov ; 📶🍸)

Suay FUSION, THAÏLANDAIS $$$

8 PLAN P. 120, D5

Lancé en 2017 à Cherngtalay, ce restaurant aux larges baies vitrées est le petit frère de celui de Phuket-ville : à leur tête, le célèbre chef Noi Tammasak revisite avec créativité les saveurs thaïlandaises dans un esprit fusion. Parmi les délices : carpaccio de champignon, côtelettes d'agneau grillées à la citronnelle, nouilles de Shangai au pesto ou pavé de tofu au *kôw soy*. Goûtez sa version revisitée du riz gluant à la mangue avec glace au sésame. (☎093 339 1890 ; www.suayrestaurant.com ; 177/99 Wana Park, Mu 4, Th Srisoonthorn ; plats 350-650 B ; ⏲16h-23h ; P📶🍸)

Project Artisan INTERNATIONAL, THAÏLANDAIS $$$

9 PLAN P. 120, D1

Un lieu bohème-chic à vocations multiples et créatives, inspiré par Bali et situé dans le nord de Cherngtalay. Des portes en bois sculpté rose pêche et jaune ananas encadrent un jardin orné de guirlandes lumineuses et d'attrape-rêves. Des petits-déjeuners à base de produits locaux, pâtisseries maison, smoothies tropicaux et œufs bio de Phang-Nga sont le prélude à des sessions de musique *live*, des massages au Saparod Spa (900-1800 B) ou des cocktails et bières artisanales au Tipsy Bar inspiré des marchés de rue. (☎093 790 9911 ; www.theprojectartisan.com ; 53/17 Mu 6, Rte 4018 ; plats 200-600 B ; ⏲8h30-23h ; P📶🍸👪)

Pesto THAÏLANDAIS, INTERNATIONAL $$

10 PLAN P. 120, D4

Un chef thaïlandais formé à Paris officie dans un cadre semi-ouvert, tout simple, en bordure de rue, et voilà un délicieux petit resto thaïlandais et international qui ne vous ruinera pas. Penne au pesto ou tagliatelles aux crevettes apportent une note méditerranéenne. Dans un genre plus local : pavé de saumon sur salade de mangue verte, *đôm yam gûng* (soupe de crevettes aigre et épicée), poisson du jour frit et currys. (☎082 423 0184 ; Th Bandon-Cherngtalay ; plats 140-500 B ; ⏲11h30-23h dim-ven, 17h-23h sam ; 📶🍸)

Catch Beach Club INTERNATIONAL, THAÏLANDAIS $$$

Revêtez votre tenue la plus chic-cool pour aller dîner dans le club de plage le plus branché

Dîner à l'Anantara Phuket Layan

Installé au bord d'une baie privative et sauvage, juste au nord de Hat Bang Thao, l'exquis **Anantara Phuket Layan** (☎076 317200 ; www.anantara.com ; 168 Mu 6, Soi 4, Hat Layan ; avec petit-déj d 10 140-15 780 B, villa avec une chambre 11 820-38 450 B ; P ❄ wifi piscine) possède un bar-lounge chic et tranquille qui surplombe la piscine, en bord de plage, et trois excellents restaurants. On peut même y dîner sur une table à l'écart sur la plage à la lueur des lanternes.

de Bang Thao, et sans doute de Phuket (voir 2 Plan p. 120, A5). Le cadre est divin, l'ambiance douce et festive et la cuisine thaïlandaise-internationale va du *pàt tai* parfaitement épicé au filet de bœuf Wagyu ou au pavé de thon cuit à point, au curry vegan à la noix de coco, au vivaneau rôti ou aux pâtes au crabe. (☎065 348 2017 ; www.catchbeachclub.com ; 202/88 Mu 2, Hat Bang Thao ; plats 390-1 390 B ; 11h-23h ; P wifi)

Siam Supper Club

INTERNATIONAL **$$$**

11 PLAN P. 120, D4

L'un des endroits les plus chics de Cherngtalay au style à l'ancienne. On y vient habillé pour siroter des cocktails maison sous une lumière tamisée sur fond de jazz ou de musique douce des années 1950. Menu plutôt international : pizzas, steaks, poisson, pâtes. Impressionnante carte des vins. La soirée jazz du lundi (20h-23h) a beaucoup de succès, réservez. (☎076 270936 ; www.siamsupperclub.com ; 36-40 Th Laguna ; plats 290-1 390 B ; 18h-1h ; wifi)

Tatonka

INTERNATIONAL, FUSION **$$$**

12 PLAN P. 120, D4

Restaurant bien établi, joyeux et accueillant, le Tatonka se proclame fief de la "cuisine globe-trotter", concept développé par le chef et propriétaire Harold Schwarz. Ce dernier combine les produits frais locaux et un savoir-faire culinaire appris en Europe, au Colorado et à Hawaï. Parmi ses spécialités librement inspirées du monde figurent de délicieux tacos au thon, pâtes au curry vert, bouillabaisse thaïlandaise et rouleaux farcis aux champignons. On dîne dans une cour noyée sous la verdure à la lueur des lanternes. (☎076 324349 ; www.facebook.com/tatonkaphuket ; 34 Th Laguna ; plats 350-550 B ; 18h-22h lun-sam ; wifi)

Gallery Cafe

CAFÉ **$$**

13 PLAN P. 120, D5

Nouveau venu en 2018, ce café minimaliste-chic (sol en béton, tables communes, terrasse ensoleillée) a beaucoup de succès avec son petit-déjeuner servi à toute heure : omelette aux épinards, savoureux smoothies, pains et bagels cuits maison, purée d'avocat à la feta, etc. Les cafés sont servis sur un plateau en bois accompagnés de petites bouchées sucrées, sinon essayez le smoothie mangue-passion. Un café confortable et stylé où il fait bon s'attarder. (☎ 089 103 7000 ; www.gallerycafephuket.com ; 122/4 Th Srisoonthorn ; plats 140-350 B ; ⌚8h-20h ; P 📶)

Taste Bar & Grill

INTERNATIONAL, FUSION **$$$**

14 PLAN P. 120, C5

Un cadre moderne et minimaliste, une ambiance raffinée et décontractée et un menu délicieux et créatif d'inspiration thaïlandaise et méditerranéenne font du Taste l'une des adresses favorites de Bang Thao. Excellents steaks, accompagnés de pain plat et de curry de légumes à la népalaise, copieuses salades fraîches et croquantes, entrées originales (camembert frit, calmar grillé à la noix de coco épicée). Belle carte des vins. (☎ 087 886 6401 ; www.tastebargrill.com ; 3/2 Mu 5, Th Srisoonthorn ; plats 390-990 B ; ⌚15h-minuit mer-lun ; 📶)

Nok & Jo's

THAÏLANDAIS, INTERNATIONAL **$$**

15 PLAN P. 120, A6

Dans une rue tranquille, à l'extrémité sud d'Ao Bang Thao, ce restaurant-bar des sports délabré appartenant à des Canado-Thaïlandais sert un vaste menu thaïlandais-international. Le mobilier en bois flottant se mêle aux drapeaux des quatre coins du monde, aux plaques d'immatriculation et à toutes sortes d'accessoires de navigation. L'endroit accueille des cours de cuisine (2 000 B), un amusant cabaret de *gà·teu·i* (*kàthoey* ; travesti thaïlandais), le mercredi, et un buffet-barbecue le samedi (499 B). (☎ 081 538 2110 ; www.facebook.com/Nok-Jos-Famous-Restaurant-Bangtao-150777748318923 ; 37/1 Mu 3, Hat Bang Thao ; plats 100-500 B ; ⌚12h-tard ; 📶)

Shopping

Boat Avenue

MODE ET ACCESSOIRES

16 PLAN P. 120, D4

En partie installé dans des containers réaménagés en jouant sur la couleur, ce centre commercial en plein air haut de gamme accueille une série de boutiques de mode dans le style glamour et plage-chic de Phuket – **Chandra** (www.chandra-exotic.com ; Boat Avenue, 49/14 Th Bandon-Cherngtalay ; ⌚10h-20h, fermé dim juin-août) et **Wings by hejselbjerg** (www.facebook.com/Hejselbjerg ; Boat Avenue, 49/14 Th Bandon-Cherngtalay ; ⌚9h-21h) sortent du lot – cafés, bars, centre de remise en forme et, le vendredi, un **marché de nuit** (Boat Avenue, 49/14 Th Bandon-Cherngtalay ; plats 50-100 B ; ⌚16h-tard ven) très populaire. (49/14 Th Bandon-Cherngtalay ; ⌚10h-18h, horaires variables).

Explorer

Nord-est de Phuket

Cette partie luxuriante de Phuket abrite des collines couvertes de jungle, des cascades, des gibbons et des temples. Déployé autour du monument aux Héroïnes, à 13 km au nord de Phuket-ville, le secteur non touristique de Thalang (ถลาง) réserve quelques attractions culturelles. Mais la plupart des visiteurs se contentent de le traverser en route vers les deux réserves du nord-est qui méritent vraiment le détour.

Notre sélection

- ***Sanctuaire des éléphants de Phuket (p. 131)*** *Le seul authentique refuge de l'île pour la protection des pachydermes.*
- ***Centre de réadaptation pour les gibbons (p. 129)*** *Pour en apprendre sur les gibbons, allez visiter ce centre géré par des bénévoles.*
- ***Réserve animalière et forestière de Khao Phra Thaew (p. 130)*** *Pour partir en randonnée vers d'impressionnantes cascades.*
- ***Temples (p. 129)*** *À la découverte du patrimoine bouddhique de Phuket.*

Comment s'y rendre et circuler

De Phuket-ville/des plages de la côte-ouest au sanctuaire des éléphants de Phuket : environ 700/800 B.

Sǒrng-tǎa-ou Les camionnettes avec banquettes reliant Phuket-ville à Surin et à Ao Bang Thao passent par le monument aux Héroïnes (30 B, 7h-17h).

Plan du nord-est de Phuket p. 128

Sanctuaire des éléphants de Phuket (p. 131) GINA SMITH/SHUTTERSTOCK ©

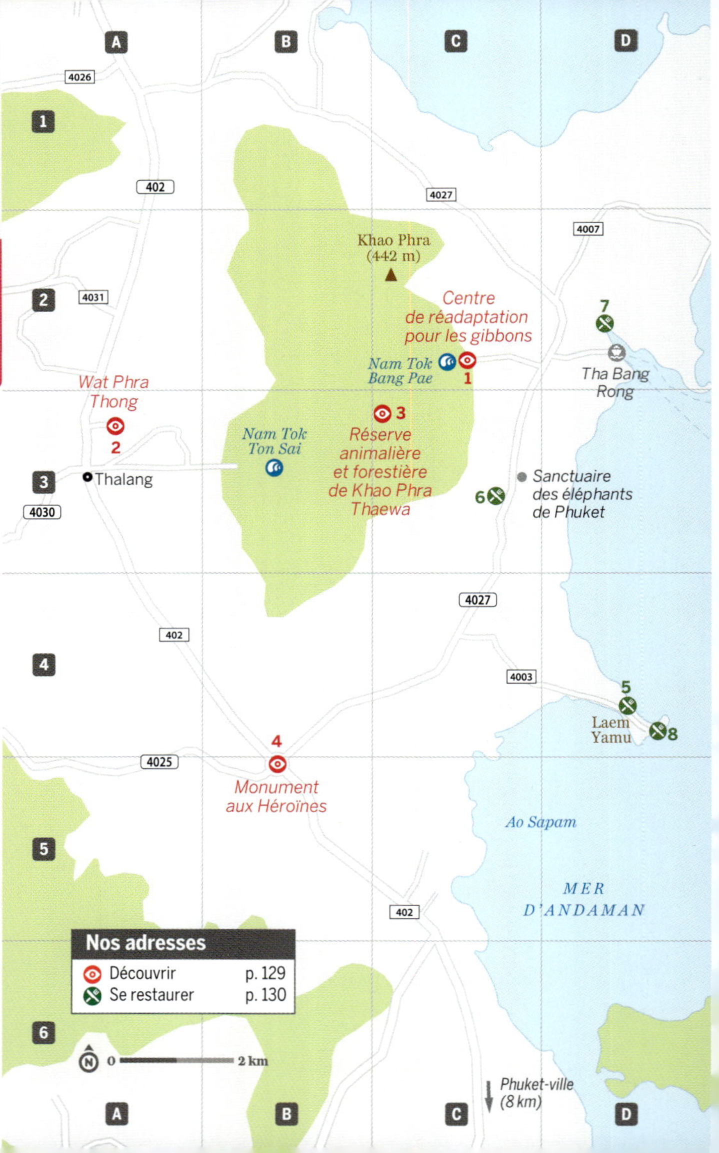
A
B
C
D
1
2
3
4
5
6
4026
402
4027
4007
4031
4030
4025
4003
Khao Phra
(442 m)
Centre
de réadaptation
pour les gibbons
Nam Tok
Bang Pae
1
7
Tha Bang
Rong
Wat Phra
Thong
2
3
Nam Tok
Ton Sai
Réserve
animalière
et forestière
de Khao Phra
Thaewa
Thalang
Sanctuaire
des éléphants
de Phuket
6
5
Laem
Yamu
8
4
Monument
aux Héroïnes
Ao Sapam
MER
D'ANDAMAN
Nos adresses
Découvrir p. 129
Se restaurer p. 130
0
2 km
Phuket-ville
(8 km)

Découvrir

Centre de réadaptation pour les gibbons RÉSERVE NATURELLE

1 PLAN P. 128, C2

Financé par des dons (2 100 B correspondent à un an de soins pour un individu), ce petit centre adopte des gibbons élevés en captivité dans le but de les réadapter à la vie sauvage. Des visites permettent de rencontrer les gibbons, sans toutefois trop les approcher ; venez vers 9h pour entendre leur chant matinal. Les bénévoles font un travail remarquable. (โครงการคืนชะนีสู่ป่า ; 076 260492 ; www.gibbonproject.org ; près de la Rte 4027 ; don demandé ; 9h-16h30 dim-ven, 9h-15h sam ; P)

Wat Phra Thong TEMPLE BOUDDHIQUE

2 PLAN P. 128, A3

À 7 km au nord du monument aux Héroïnes (p. 130) se dresse le "temple du Bouddha doré" de Phuket, vieux de 250 ans et centré autour d'une statue du maître à demi enterrée dont ne restent visibles que la tête et les épaules. La légende veut qu'elle ait émergé spontanément et qu'il soit arrivé malheur à ceux qui tentèrent de l'exhumer. Les Sino-Thaïlandais vouent une vénération particulière à cette représentation du Bouddha, qu'ils croient originaire de Chine. Lors du Nouvel An chinois, nombre de fidèles viennent de Phang-Nga, Takua Pa et Krabi. (วัดพระทอง ; près de la Hwy 402 ; entrée libre ; aube-crépuscule ; P)

Le Wat Phra Thong

Réserve animalière et forestière royale de Khao Phra Thaew

RÉSERVE NATURELLE

3 PLAN P. 128, C3

Cette réserve, au nord de l'île, couvre 23 km² de forêt tropicale primaire. Son statut royal lui confère une meilleure protection que d'autres parcs nationaux du pays. Autrefois peuplée de tigres, ours malais, rhinocéros et éléphants, elle abrite aujourd'hui sangliers, singes, paresseux, civettes, roussettes, cobras, pythons, écureuils, etc. Le Khao Phra s'élève à 442 m.

D'agréables randonnées dans les collines mènent à de superbes cascades, telles Nam Tok Ton Sai (accessible par l'ouest depuis la Hwy 402, à 6 km au nord-ouest du monument aux Héroïnes) et **Nam Tok Bang Pae** (น้ำตกบางแป ; près de la Rte 4027 ; adulte/enfant 200/100 B ; 9h-17h), très impressionnantes de juin à novembre (mousson) ; un sentier de randonnée (8 km) mène de l'une à l'autre, mais mieux vaut avoir un guide. Pour se faire guider par un garde forestier (environ 1 500 B), voir aux points d'accès du parc. (อุทยานสัตว์ป่าเขาพระแทว ; près de la Rte 4027 et la Hwy 402 ; adulte/enfant 200/100 B ; 9h-17h)

Monument aux Héroïnes

MONUMENT

4 PLAN P. 128, B5

Les deux héroïnes de Phuket, Chan et Mook, auraient repoussé une invasion birmane au XVIIIe siècle en convaincant les femmes de l'île de s'habiller en soldats ; les sœurs sont immortalisées épée à la main, sur un rond-point au centre de l'île. (อนุสาวรีย์ท้าวเทพกษัตรีท้าวศรีสุนทร ; Hwy 402)

Se restaurer

Breeze

INTERNATIONAL $$$

5 PLAN P. 128, D4

L'un des meilleurs restaurants de Phuket trône sur une colline, à 20 km au nord-est de Phuket-ville. Ouverte sur l'extérieur, la salle à l'élégance discrète regarde vers la piscine et la mer. La cuisine de style européen, délicieuse et inventive, fait la part belle aux produits locaux, souvent cultivés sur place. Nouvelle carte chaque semaine et cocktails classiques revisités à la mode thaïlandaise. Réservez. (081 271 2320 ; www.breezecapeyamu.com ; 224 Mu 7, Laem Yamu ; plats 750-1 600 B, menu dégustation 5 plats 2 000 B ; 12h-22h mer-dim ; P)

Monkeypod

CAFÉ $$

6 PLAN P. 128, C3

Jolie surprise, cette affaire familiale au cadre contemporain minimaliste ouvre sur la verdure. Café, smoothies et cuisine maison (salades, pâtes, wraps…) sont délicieux et à prix raisonnables. À 6 km au nord-est du monument aux Héroïnes. (087 909 5252 ; www.facebook.com/monkeypodcoffeehouse ; Rte 4027 ; plats 140-200 B ; 8h30-20h30 mar-dim ;)

Sanctuaire des éléphants de Phuket

Le **sanctuaire des éléphants de Phuket** (plan p. 128, C3 ; ☎088 752 3853 ; www.phuketelephantsanctuary.org ; 100 Mu 2, Paklok, Rte 4027 ; adulte/enfant 3 000/1 500 B ; 9h30-13h et 14h-17h30 ;) est le seul refuge authentique de l'île pour pachydermes. Il accueille des éléphants âgés qui ont été maltraités pendant des décennies de travail pour l'exploitation du bois ou le tourisme. Lors de la visite du matin, vous irez les nourrir avant de les accompagner à quelques mètres de là, où ils vont se rassembler, se baigner, se nourrir de pastèques et se balader en forêt. C'est une opportunité rare et responsable sur le plan éthique. Les visiteurs apprécient.

Petit frère du très respecté Elephant Nature Park de Chiang Mai, ce sanctuaire abrite 8 femelles éléphants. Visite guidée uniquement, réservation obligatoire. On vient chercher les visiteurs au bureau du sanctuaire et on les y ramène après la visite. Les visites de l'après-midi, moins interactives, se limitent à l'observation des éléphants comme dans un safari. Méfiez-vous des prétendus sanctuaires et des chauffeurs de taxi payés à la commission pour vous y conduire. Le sanctuaire accepte les bénévoles pour 1/3/7 jours, moyennant 4 500/8 000/16 000 B, somme qui sert à l'entretien des éléphants.

Bang Rong Seafood

THAÏLANDAIS, PRODUITS DE LA MER $$

7 PLAN P. 128, D2

Cette ferme piscicole transformée en restaurant rustique se situe sur un ponton flottant, accessible par une passerelle en bois depuis la jetée de Bang Rong. Vivaneau rouge et blanc, crabes ou moules sont sortis de l'eau et cuits à la commande, à la vapeur, frits, grillés, au court-bouillon ou au four. Également de classiques plats sautés. Ce restaurant musulman ne sert pas d'alcool. (☎089 872 4394 ; Tha Bang Rong, près de la Rte 4027 ; plats 120-350 B ; 10h-18h)

La Sirena

ITALIEN $$$

8 PLAN P. 128, D4

Perché près d'une piscine à débordement, au Point Yamu by Como (p. 150), ce restaurant italien (du Sud) contemporain jouit d'une vaste terrasse et de grandes baies vitrées avec vue sur les îlots d'Ao Phang-Nga. Parmi les plats exécutés avec art figurent les *linguini* au crabe bleu, les pizzas au feu de bois et les sandwichs *ciabatta* et légumes grillés. Également quelques spécialités thaïlandaises. (☎076 360100 ; www.comohotels.com ; 225 Mu 7, Paklok, Laem Yamu ; plats 430-750 B ; 8h-23h ; P)

Explorer

Plages du Nord

Vous recherchez des plages tranquilles et retirées, où nature et tourisme coexistent encore ? La côte nord-ouest figure parmi les plus jolis coins de Phuket, avec trois plages de rêve peu développées, à 15 minutes à peine de l'aéroport : Hat Nai Thon où la vie s'écoule doucement, Hat Nai Yang où les kitesurfeurs affluent de mai à octobre et la magnifique Hat Mai Khao, longue de 10 km. Toutes trois sont protégées par le parc national de Sirinat.

Notre sélection

- ***Plages (p. 135)*** *Goûtez à la beauté tranquille de ces trois plages de sable blanc, protégées par le parc national de Sirinat.*
- ***Kitesurf (p. 137)*** *Surfez sur la crête des vagues au large de Hat Nai Yang durant la mousson.*
- ***Black Ginger (p. 137)*** *Arrivez en radeau pour aller déguster un délicieux dîner thaïlandais.*
- ***Massages (p. 136)*** *Abandonnez-vous aux délices du spa dans l'un des luxueux resorts du coin.*

Comment s'y rendre et circuler

Environ 300 à 600 B depuis/vers l'aéroport, 900 B depuis/vers Patong et 800 à 1 000 B depuis/vers Phuket-ville.

Plan des plages du Nord p. 134

Hat Nai Yang (p. 135) BENNYARTIST/SHUTTERSTOCK ©

A
B
C
D
1
2
3
4
5
6
Pont de Sarasin (3 km)
Phuket Riding Club 10
14
Anantara Spa 8
402
Yacht Haven Phuket Marina
SALA Spa 9
402
Ao Tha Maphrao
Hat Mai Khao 3
3033
Soi Mai Khao 10
Soi Dog 5
3033
MER D'ANDAMAN
Aéroport international de Phuket
4031
Parc national de Sirinat
402
4
Ban Sakhu
15
12
17
4026
4027
Kiteboarding Asia
13
Hat Nai Yang
7
2
Coqoon Spa
Réserve animalière et forestière de Khao Phra Thaew
11
4018
Ao Nai Thon
16
402
4031
1
Hat Nai Thon
6
Banana Beach
4018
Hat Layan
Nos adresses
Découvrir p. 135
Se restaurer p. 137
Prendre un verre p. 137
0
2 km

Découvrir

Hat Nai Thon PLAGE

1 PLAN P. 134, A6

Cette jolie baie de sable blond bordée de jungle se trouve loin de l'agitation, sur la côte ouest, à 7 km au sud de l'aéroport. La baignade y est agréable (sauf au plus fort de la mousson) et les couchers de soleil inoubliables. (หาดในทอน)

Hat Nai Yang PLAGE

2 PLAN P. 134, B4

Hat Nai Yang, à 3 km au sud de l'aéroport, est la plus animée et développée des trois baies protégées par le parc national de Sirinit. Bordée de sable blond et à l'ombre de casuarinas, elle est abritée par un récif sous-marin haut de 20 m, idéal pour le snorkeling en haute saison et pour le kitesurf durant la mousson. Derrière la plage s'étend une série de restaurants de poisson, hôtels et bars décontractés. (หาดในยาง)

Hat Mai Khao PLAGE

3 PLAN P. 134, B2

Belle et retirée, la plus longue plage de Phuket, protégée par le parc national, étend ses 10 km de sable blanc du sud de l'aéroport jusqu'à la pointe nord de l'île. Hormis quelques *resorts* haut de gamme, cette plage est quasi déserte sauf les week-ends et jours fériés. Des tortues de mer y pondent de novembre à février. Attention aux forts courants sous-marins présents toute l'année. (หาดไม้ขาว)

Hat Nai Thon au coucher du soleil

Parc national de Sirinat

PARC NATIONAL

4 PLAN P. 134, B4

Englobant les magnifiques plages de Nai Thon (p. 135), de Nai Yang (p. 135) et de Mai Khao (p. 135), ainsi que l'ancien parc national de Nai Yang et la réserve naturelle de Mai Khao, ce parc couvre 22 km² de côte et 68 km² de mer. Il s'étend du nord d'Ao Bang Thao à la pointe nord de l'île. Le bureau du parc, situé à la pointe nord de Hat Nai Yang, comporte des **hébergements** (camping 30 B/pers, bungalows 700-1 000 B ; P ❄), un centre d'accueil des visiteurs rudimentaire et un restaurant. (อุทยานแห่งชาติสิรินาถ ; ☎076 327152, 076 328226 ; www.portal.dnp.go.th ; 89/1 Mu 1, Hat Nai Yang ; adulte/enfant 200/100 B ; ⏲6h-18h)

Soi Dog

BÉNÉVOLAT

5 PLAN P. 134, B3

Cette fondation à but non lucratif protège des centaines de chats et de chiens (beaucoup sauvés du trafic illégal de viande canine). Son action porte sur la stérilisation, l'adoption et la sensibilisation en matière de bien-être animal. Les visiteurs peuvent jouer avec les pensionnaires, promener les chiens ou faire du bénévolat à plus long terme. (Gill Daley Foundation ; ☎076 681029 ; www.soidog.org ; 167/9 Mu 4, Soi Mai Khao 10 ; don demandé ; ⏲9h-12h et 13h-15h30 lun-ven, 9h-12h sam, visites 9h30, 11h, 13h30 et 14h30 lun-ven, 9h30 et 11h sam)

Banana Beach

PLAGE

6 PLAN P. 134, A6

Elle n'est plus vraiment secrète, mais cette jolie petite crique, nichée à 2 km au sud de Hat Nai Thon, conserve un charme un peu sauvage. Depuis le petit parking situé du côté ouest de la route côtière (Rte 4018), on descend à travers une jungle de cocotiers jusqu'à une plage de sable piquetée de gros rochers. Un unique restaurant. (Hat Hin Gluai ; หาดหินกล้วย ; près de la Rte 4018)

Coqoon Spa

SPA

7 PLAN P. 134, B4

Resort hypersophistiqué se voulant aussi un monument à l'histoire des mines d'étain de Phuket, **The Slate** (avec petit-déj d 8 200-24 300 B, villas 44 900-62 000 B ; P ❄ 📶 🏊) abrite un spa exceptionnel au sein de luxuriants jardins. Parmi la gamme de soins : gommages au frangipanier pourpre, enveloppements de charbon de bambou, soins du visage Anne Semonin ou détox dans une suite "nid" suspendue. Réservation obligatoire. (☎076 327006 ; www.theslatephuket.com ; Slate, 116 Mu 1, Hat Nai Yang ; massages ou soins 2 200-7 000 B ; ⏲10h-20h)

Anantara Spa

SPA

8 PLAN P. 134, B1

Évadez-vous dans le luxueux spa de l'**Anantara Phuket** (d avec petit-déj 11 800-50 000 B ; P ❄ @ 📶 🏊), au sein d'une élégante et tranquille oasis avec plans d'eau et promenades en bois. Parmi les soins proposés : gommages au thé vert, enveloppements après-solaire, massages ayurvédiques de la tête et rituels sur une journée entière. Salles de soins pour couples. Réservation conseillée. (076 336100 ; www.phuket.anantara.com ; Anantara Phuket, 888 Mu 3, Hat Mai Khao ; massages ou soins 3 500-6 500 B ; 10h-22h)

SALA Spa
SPA

9 PLAN P. 134, B2

Massage thaïlandais classique ou enveloppement apaisant à base de nénuphar ? Dans un cabanon au bord de la plage ou dans un patio privatif au sol en galets ? À vous de choisir. De toute façon, vous aurez le sentiment d'être traité comme un nabab dans le spa de ce séduisant **resort** (d avec petit-déj 7 500-29 000 B ; P) d'inspiration sino-portugaise. Réservation conseillée. (076 338888 ; www.salahospitality.com ; SALA Phuket, 333 Mu 3, Hat Mai Khao ; massages ou soins 1 900-4 900 B ; 10h-22h)

Phuket Riding Club
ÉQUITATION

10 PLAN P. 134, B1

Ce centre équestre, établi de longue date, propose des randonnées d'une heure, ou deux, le long de la plage ou dans les terres. Réservez la veille. (081 787 2455 ; www.phuketridingclub.com ; 60/9 Th Thepkasattri, Mu 3, Mai Khao ; randonnée 1 heure/2 heures 1 200/2 200 B ; 8h-18h30)

Kitesurf sur Hat Nai Yang

De mai à octobre (mousson), Hat Nai Yang devient un haut-lieu du kitesurf. Différentes écoles, dont **Kiteboarding Asia** (plan p. 134, B4 ; p. 97) et **Kite Zone**, basé à Rawai, proposent des cours pour débutants.

Se restaurer et prendre un verre

Black Ginger
THAÏLANDAIS $$$

En bordure d'un lagon, ce restaurant, où l'on accède en radeau, est un endroit magique (voir 7 plan p. 134, B4), avec ses pavillons en bois (*săh·lah*, ou *sala*) et ses éclairages au flambeau. Le menu raffiné, uniquement thaïlandais, met l'accent sur la cuisine du sud du pays (sauté de *pàk miang*, sorte de chou kale, curry de crabe sur nouilles de riz) et offre de nombreuses versions végétariennes. À ne pas manquer : la délicieuse glace aux noix de cajou. (076 327006 ; www.theslatephuket.com ; Slate, 116 Mu 1, Hat Nai Yang ; plats 280-675 B ; 18h-23h ; P)

Elements
INTERNATIONAL, THAÏLANDAIS $$$

11 PLAN P. 134, A5

Sur les falaises tout au nord de Hat Nai Thon, le **resort** (d 6 000-18 000 B, villas 29 000-32 000 B ; P @)

le plus clinquant de la plage abrite un luxueux restaurant ouvert sur l'extérieur avec une superbe vue sur la baie. Il sert une cuisine raffinée internationale-thaïlandaise et propose un barbecue de produits de la mer le vendredi. Service aimable et professionnel. (076 303299 ; www.pullmanphuketarcadia.com ; Pullman, 22/2 Mu 4, Hat Nai Thon ; plats 300-1 300 B ; 12h-22h30 ;)

Phen's Restaurant

THAÏLANDAIS, PRODUITS DE LA MER **$$**

12 PLAN P. 134, B4

Avec ses nappes turquoise et blanc et son personnel attentif, ce lieu apprécié reste l'un des rares où l'on peut encore se restaurer sur la plage, les pieds dans le sable. Au menu : produits frais au barbecue (crabe au citron, vivaneau au curry-rouge, crevettes fumées au piment) et classiques de Phuket tels le *pàk miang* à la noix de coco ou le *gaang som pla* (curry de poisson dans le style du Sud). (081 895 9489 ; www.facebook.com/phensrestaurant ; Hat Nai Yang ; plats 130-450 B ; 10h-23h ;)

Mr Kobi

THAÏLANDAIS **$$**

13 PLAN P. 134, B4

Très populaire et parlant très bien anglais (quoi qu'il en dise), Mr Kobi s'occupe des boissons, tandis que Malee prépare les produits de la mer et les favoris thaïlandais, le tout servi dans un cadre sans prétention orné de drapeaux du monde. Un mur est dédié au tsunami de 2004. (Hat Nai Yang ; plats 180-300 B ; 10h-23h)

Kin Dee

THAÏLANDAIS **$$**

14 PLAN P. 134, B1

Voici une adresse charmante et toute simple, à 400 m à l'est de la Hwy 402. Dans un pavillon en brique rouge orné de plantes, et ouvrant sur des tables au bord de la rivière, il sert une cuisine thaïlandaise soignée à base de produits locaux. Signalé à 3 km au sud du pont de Sarasin (demi-tour nécessaire). (082 814 8482 ; www.kindeerestaurant.com ; 71/6 Mu 5, Mai Khao ; plats 150-590 B ; 11h-22h ;)

Aleta

INTERNATIONAL, THAÏLANDAIS **$$$**

15 PLAN P. 134, B4

Faites un tour au **Cachet Resort Dewa Phuket** (d 3 800-10 000 B, villas 8 500-14 400 B, avec petit-déj ; P), sur Nai Yang, pour siroter un verre au bar lové dans un pouf ou déguster une cuisine de haute volée dans un cadre élégant avec vue sur la piscine. Viandes et poissons grillés (burgers, agneau, bar) sont ici la spécialité, mais on y sert aussi pâtes, pizzas, risottos, currys et plats sautés thaïlandais. (076 372300 ; www.cachethotels.com ; Cachet Resort Dewa Phuket, 65 Mu 1, Hat Nai Yang ; plats 250-600 B ; 11h-22h30 ;)

Coconut Tree

THAÏLANDAIS **$$**

16 PLAN P. 134, A5

Installé vers le sud de Hat Nai Thon, dans une véranda semi-ouverte ornée de plantes, ce restaurant décontracté sert de bons plats de produits de la mer (crabe sauté au poivre noir, grosses crevettes au curry jaune, gingembre, etc.), des currys, des nouilles et des plats sautés. On voit la mer d'Andaman de l'autre côté de la route à travers les palmiers et les casuarinas. (Rte 4018, Hat Nai Thon ; plats 100-500 B ; 10h-22h ;)

Stonehaus

CAFÉ **$$**

À l'écart, dans le Cachet Resort Dewa Phuket (voir **15** plan p. 134, B4), de l'autre côté de la route par rapport à Hat Nai Yang, cet élégant petit café-bar à vins est parfait pour l'expresso du matin ou pour boire un verre. Il sert toute la journée petit-déjeuner (290 B), viandes froides, plateau de fromage, sandwichs frais et pâtisseries. (076 372300 ; www.cachethotels.com ; Cachet Resort Dewa Phuket, 65 Mu 1, Hat Nai Yang ; en-cas 30-290 B ; 8h-18h ;)

NY Beach Republic

LOUNGE

17 PLAN P. 134, B4

Pour qui recherche un peu de vie nocturne à Nai Yang, voilà un élégant lounge-bar-restaurant, planté de palmiers et recouvert de sable, juste en retrait de la plage. Kiosques en bambou, hautes tables en bois, coussins rayés et billard pour le cadre. Côté boissons, le bar sert des *mojitos* Chalong Bay agréablement fruités (250 B) et des pichets de bière (200 B). Côté table, le menu thaïlandais (150-450 B) décline toutes sortes de produits de la mer, soupes, nouilles et currys. (www.facebook.com/nybeachrepublic ; Hat Nai Yang ; à partir de 15h ;)

Hat Mai Khao (p. 135)

KITTIS SRAK/SHUTTERSTOCK ©

Vaut le détour

Hôrng d'Ao Phang-Nga

Avec ses criques aux eaux turquoise, semées de tourelles karstiques, ses plages de sable blanc et ses vieux villages de pêcheurs, Ao Phang-Nga réunit certains des sites les plus spectaculaires de Thaïlande. La baie a beau être envahie toute l'année par un flot de touristes en vedette, il suffit de naviguer plus avant au milieu de ses émouvants paysages et de s'enfoncer dans ses fameux hôrng *pour être saisi d'émerveillement.*

Excursion à la journée avec un prestataire de Phuket : à partir de 3 500 B.

On peut aussi affréter un bateau à Tha Dan, 9 km au sud de Phang-Nga (à partir de 1 500 B) ou effectuer un circuit avec un prestataire local.

Parc national d'Ao Phang-Nga

Créé en 1981, ce **parc national maritime** (อุทยานแห่งชาติอ่าวพังงา ; ☎076 481188 ; www.dnp.go.th ; adulte/enfant 300/100 B ; ⏲8h-16h30) de 400 km² se distingue par ses remarquables paysages karstiques, formant au sud 42 îles aux parois vertigineuses, creusées de grottes marines et de lagons cachés (*hôrng*). La baie elle-même se compose de chenaux qui traversent dans le sens nord-sud la plus grande forêt de mangrove primaire de Thaïlande. Kayak, SUP (stand up paddle) et *long-tail boat* sont les meilleurs moyens de découvrir le parc.

Hôrng By Starlight

Glissez à travers des grottes aux chauves-souris noires pour déboucher dans ces lagons secrets qui composent les *hôrng*, protégés par de hautes falaises calcaires qui émergent de la mer. En chemin, vous croiserez des pygargues (aigles pêcheurs), voire des singes, pythons et varans. **John Gray's Seacanoe** (☎076 254505 ; www.johngray-seacanoe.com ; 86 Soi 2/3, Th Yaowarat ; adulte/enfant à partir de 3 950/1 975 B), le plus ancien loueur de kayaks de la baie, allie sérieux et respect de l'environnement. Son circuit "Hôrng by Starlight" esquive la foule en vous emmenant dîner au coucher du soleil et découvrir la célèbre bioluminescence d'Ao Phang-Nga.

Îles

Fleuron du parc maritime, **Ko Khao Phing Kan** (เกาะเขาพิงกัน), dite l'"île de James Bond" depuis le tournage de *L'Homme au pistolet d'or* (1974), est aujourd'hui envahie de touristes et de marchands de coraux et de coquillages qui n'auraient jamais dû quitter la mer. **Ko Panyi** (เกาะปันหยี), qui abrite un village de pêcheurs musulman sur pilotis, est également très visitée, mais on peut y passer la nuit au calme.

★ À savoir

- Pour éviter l'affluence, visitez le parc maritime tôt le matin, restez le soir et/ou prévoyez votre propre moyen de transport.
- Passez la nuit dans un hébergement tout simple à Ko Panyi pour apprécier le paysage plus tranquillement.
- Prévoyez chapeau, maillot de bain, lunettes de soleil et crème solaire.
- Au moment de la rédaction de ce guide, il était en projet de rendre obligatoire l'achat à l'avance sur Internet de son billet pour le parc national : à surveiller !

✕ Une petite faim ?

La plupart des circuits incluent le déjeuner (repas thaïlandais ordinaire), de l'eau et des boissons non alcoolisées.

Vaut le détour

Plongée dans les îles Similan

Connu des plongeurs du monde entier pour ses fonds spectaculaires et sa faune sous-marine, le parc national maritime des îles Similan s'étend à 70 km au large de la province de Phang-Nga et à 90 km au nord-ouest de Phuket. Ces îles de granit couvertes de forêts tropicales sont ourlées de plages de sable blanc, d'eau turquoise et de récifs coralliens. Le blanchiment a détruit nombre de coraux durs et l'afflux touristique pose problème, mais il reste de fabuleux trésors à observer.

อุทยานแห่งชาติหมู่เกาะสิมิลัน

076 453272

www.dnp.go.th

adulte/enfant 500/300 B

mi-oct à mi-mai

Plongée et snorkeling

Les îles Similan offrent des plongées pour tous les niveaux, de - 2 à - 30 m. On trouve des sites de plongée près des îles au nord de **Ko Miang** ; le sud du parc (îles 1, 2 et 3), site de ponte des tortues, est interdit aux plongeurs. On découvre des récifs à **Ko Hin Pousar** (เกาะหินพูซ่า, île 7), des tunnels à **Hin Pousar** (หินพูซ่า, rocher "tête d'éléphant"), ainsi qu'une riche vie sous-marine (minuscules serpules, coraux mous, rares requins-baleines, raies mantas et bancs de poissons). **Ko Bon** (เกาะบอน), en partie épargné par le blanchiment des coraux, est l'un des meilleurs sites du pays pour les raies mantas. En 2016, **Ko Tachai** (เกาะตาชัย) a été interdite d'accès aux excursionnistes pour des raisons écologiques, mais les bateaux peuvent toujours amener les plongeurs dans les environs.

Randonnée

La forêt autour du **centre d'accueil des visiteurs** sur Ko Miang (île 4 ; 7h30-20h mi-oct à mi-mai) abrite une faune exceptionnelle. Un chemin de plage de 400 m relie le centre d'accueil à une crique propice au snorkeling. De là, le **Viewpoint Trail** mène en 30 minutes d'ascension à un beau panorama. À l'ouest du centre d'accueil, une marche de 20 minutes en forêt conduit au **Sunset Point** (แหลมซันเซ็ท), une plateforme granitique orientée vers l'ouest.

Sur **Ko Similan** (เกาะสิมิลัน ; île 8), une marche de 2,5 km en forêt mène à un **point de vue** (จุดชมวิวเกาะสิมิลัน) et une ascension abrupte depuis la plage de la côte nord rallie **Sail Rock** (หินเรือใบ).

Faune

Endémique des îles de la mer d'Andaman, le pigeon de Nicobar au chatoyant plumage vert, bleu et cuivré figure parmi les 39 espèces d'oiseaux du parc. On aperçoit en forêt : crabes de terre aux pattes poilues, chauves-souris frugivores (roussettes) et écureuils volants.

★ À savoir

- Le parc ferme de mi-mai à mi-octobre.
- Il est interdit de dormir sur les îles, mais les plongeurs peuvent passer la nuit sur leur bateau.
- Respectez la nature et ne nourrissez pas les poissons.
- Meilleure période pour la visibilité : février à avril.
- Au moment de nos recherches, il était prévu de rendre obligatoire l'achat à l'avance sur Internet du billet pour le parc national.
- Le **bureau du parc** (Mu 5, Thap Lamu ; 8h-17h) se situe sur le continent à 12 km au sud de Khao Lak.

Une petite faim ?

Repas simples, eau et boissons non alcoolisées inclus dans les circuits et croisières.

★ Comment s'y rendre

Seuls accès : circuit, sortie de plongée (2 plongées) à la journée et croisière de Phuket ou de Khao Lak.

Vaut le détour

Excursion à Ko Phi Phi

Baies aux jolies courbes, plages de sable blond, jungle luxuriante et long-tail boats glissant entre les falaises escarpées qui s'élèvent des eaux turquoise, les îles de Ko Phi Phi Don et Ko Phi Phi Leh forment l'archétype du paradis tropical. Leur immense popularité pèse cependant lourdement sur leur fragile environnement. Faites-vous léger !

Ko Phi Phi est à 47 km au sud-est de Phuket.

Des bateaux quittent Tha Rassada, sur Phuket, à 8h30, 11h, 12h20 et 13h30, et repartent à 9h, 11h, 14h30 et 15h30 (à partir de 300 B, 2 heures).

Plongée et snorkeling

Les eaux cristallines et l'abondante faune marine de Ko Phi Phi en font un endroit rêvé pour la plongée. Parmi les sites prisés figurent l'**épave du King Cruiser** (ซากเรือคิงครุยเซอร์), **Anemone Reef**, **Hin Bida Phi Phi**, **Ko Bida Nok** (เกาะบิดานอก), entouré de requins-léopards, et l'**épave du Kledkaeo** (ซากเรือเกล็ดแก้ว).

Des agences de plongée fiables sont basées à Phuket (p. 17). Sur Ko Phi Phi, Adventure Club (☎081 970 0314 ; www.diving-in-thailand.net ; 125/19 Mu 7, village de Ton Sai ; sortie 2 plongées 2 500 B ; 🕒7h-22h) est un club responsable.

Ko Mai Phai, à 6 km au nord de Phi Phi Don, est prisé pour le snorkeling avec sa zone peu profonde où nagent de petits requins. Autres bons sites : la côte est de **Ko Nok** (près d'Ao Ton Sai), la côte est de **Ko Nai**, et au large de **Hat Yao**. Une sortie de snorkeling coûte 600-1 500 B, plus l'entrée au parc national. Nombre d'agences proposent des sorties de snorkeling ou des tarifs réduits pour les snorkeleurs.

Point de vue de Ko Phi Phi

Une ascension exténuante de centaines de marches et d'étroits sentiers mène, en 20-30 minutes, du village de Ton Sai à ce **point de vue** (จุดชมวิวเกาะพีพีดอน ; 30 B). La sublime vue sur la montagne luxuriante vaut l'effort fourni.

Ko Phi Phi Leh

Depuis le film *La Plage*, Ko Phi Phi Leh est devenue un lieu de pèlerinage, en particulier **Ao Maya** (อ่าวมาหยา ; Maya Bay). L'afflux de touristes a des effets dévastateurs sur l'écosystème de l'île. On estime que 80% du corail d'Ao Maya a été détruit. Pour permettre sa régénération, les autorités ont interdit en 2018 l'accès à la baie pour une durée indéterminée. Les spécialistes de l'environnement sont nombreux à considérer que la protection des îles nécessite davantage de mesures à long terme.

★ À savoir

- Le fragile écosystème et les infrastructures de l'île peinent à faire face à l'afflux de touristes ; adoptez un comportement responsable.
- Droit d'entrée au parc national : 400/200 B (adulte/enfant étranger), plus 200 B (plongeur). Lors de nos recherches, il était prévu de rendre obligatoire l'achat à l'avance du billet sur Internet.
- Arrivez tôt à Tha Rassada pour choisir votre place ; les bateaux sont bondés.

Une petite faim ?

L'**Efe** (☎095 150 4434 ; www.facebook.com/eferestaurant ; plats 170-600 B ; 🕒12h-22h30 ; 📶) est un restaurant turc au village de Ton Sai. L'**Unni's** (☎091 837 5931 ; www.facebook.com/unnis.phiphi ; village de Ton Sai, Ko Phi Phi Don ; plats 140-600 B ; 🕒8h-23h ; 📶), adresse favorite des expatriés, pour ses cocktails et ses mets internationaux.

Carnet pratique

Déplacements en *túk-túk* (p. 153) AKHENATON IMAGES/SHUTTERSTOCK ©

Avant de partir

Hébergement

De novembre à avril, réservez très à l'avance. Les autres mois, Phuket reste animé mais le prix des chambres baisse jusqu'à 50%.

Hôtels Des demeures sino-portugaises de Phuket-ville reconverties en hôtels de charme aux luxueux *resorts* en bord de mer.

Auberges de jeunesse Grand choix à Phuket-ville et à Patong (un peu plus cher) et quelques bonnes adresses à Kata, à Karon et à Ao Bang Thao.

Pensions (guesthouses) Petites et d'un meilleur rapport qualité/prix, les pensions ont plus de caractère que les hôtels concurrents.

Appartements Pratique si l'on voyage en groupe et facilement réservables à travers des sites de location comme Airbnb.

Phuket

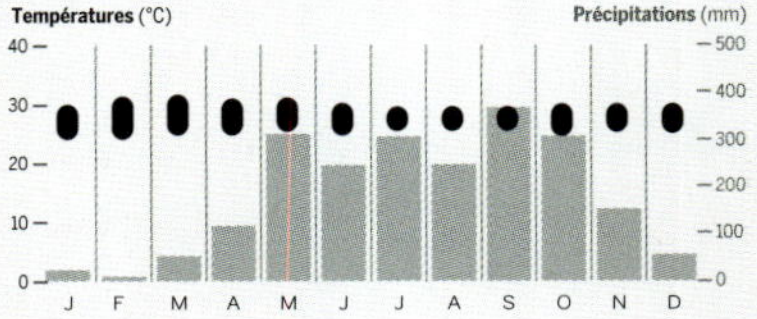

Quand partir

Haute saison (déc-fév) Le retour du ciel bleu fait affluer le monde et s'envoler les tarifs. Réservez longtemps à l'avance.

Saison intermédiaire (nov et mars-avr) Encore du monde, mais beau temps (31°C en moyenne) et prix plus bas qu'en haute saison.

Basse saison (mai-oct) Période de la mousson (mer agitée, alternance de pluies torrentielles et de soleil), des prix cassés (souvent 50%) et de la fête végétarienne (sept/oct).

Petits budgets

Fin Hostel (☎ 088 753 1162 ; www.finhostelphuket.com ; 100/20 Th Kata/Patak West ; dort 300-600 B, capsules 300-1 000 B, d 1 500-3 000 B ; ❄ 📶 🏊). Impeccables dortoirs, capsules et chambres privatives à Kata.

Lub*d (☎ 076 530100 ; www.lubd.com ; 5/5 Th Sawatdirak ; avec petit-déj dort 650 B, d 2 600-3 200 B ; @ 📶 🏊). Auberge de jeunesse stylée et conviviale dans le Patong festif.

Ai Phuket Hostel (☎ 076 212881 ; www.aiphukethostel.com ; 88 Th Yaowarat ; dort 279 B, d 600-900 B ; ❄ @ 📶). Auberge de jeunesse prisée de Phuket-ville.

ChillHub Hostel (☎ 082 291 1925 ; www.facebook.com/chillhubphukethostel ; 69/140-142 Mu 3, Hat Bang Thao ; dort 500-600 B ; ❄ 📶 🏊). Auberge de jeunesse au style contemporain à Bang Thao.

Art-C House (082 420 3911 ; www.facebook.com/artchouse ; 288 Th Phuket ; d 800 B ;). Peintures murales originales et chambres d'un bon rapport qualité/prix à Phuket-ville.

Doolay Hostel (062 451 9546 ; www.doolayhostel.com ; 164 Th Karon/Patak West ; dort 600 B ;). Auberge de jeunesse moderne face à la plage, à Karon.

Où loger à Phuket ?

À Phuket-ville, auberges de jeunesse, pensions et boutiques-hôtels vous coûteront moins cher à qualité égale et vous serez au cœur de la scène créative locale, mais vous ne serez pas près de la mer. Rawai, Kata, Karon, Kamala abritent des *resorts* et des hôtels de catégorie moyenne qui ont la faveur des familles et des groupes. De même pour Patong (quoi qu'en dise sa réputation). Il y a de bonnes auberges de jeunesse à Patong, Kata et Karon. Surin, Ao Bang Thao, Hat Nai Yang et Hat Mai Khao sont surtout le domaine des *resorts* de luxe, de même que Laem Phanwa à la pointe sud-est.

Catégorie moyenne

Casa Blanca Boutique Hotel (076 219019 ; www.casablancaphuket.com ; 26 Th Phuket ; d 2 300-2 800 B ;). Demeure sino-portugaise de Phuket-ville rénovée dans un style hispanisant.

PapaCrab (076 385315 ; www.phuketpapacrab.com ; 93/5 Mu 3, Th Rim Hat ; d 1 900-2 300 B ; oct-juil ;). Chaleureuse adresse de Kamala dans l'esprit boutique-hôtel, tenue par les propriétaires eux-mêmes.

RomManee (089 728 9871 ; Soi Romanee ; d 1 200 B ;). Dans l'une des plus jolies rues de Phuket-ville, une maison sino-portugaise transformée en pension de charme.

Sabai Corner (089 875 5525 ; www.sabaicornerphuket.com ; Soi Laem Mum Nai, près de Rte 4233 ; d 1 500 B ;). Bungalows (avec ventilateur) isolés à flanc de colline entre Kata et Rawai, avec une vue splendide sur la mer.

Baan Suwantawe (076 212879 ; www.baansuwantawe.com ; 11/9-10 Th Dibuk ; d 1 700-3 000 B ;). Excellente affaire : des chambres de type studio au décor zen et avec vue sur la piscine, à Phuket-ville.

Benyada Lodge (081 889 4173 ; www.benyadalodge-phuket.com ; 106/52 Mu 3 ; d avec petit-déj 2 800-4 500 B ;). Confortable hôtel, au style contemporain et coloré, juste derrière Hat Surin.

Catégorie supérieure

Keemala (076 358777 ; www.keemala.com ; 10/88 Mu 6, Th Nakasud ; villas avec petit-déj 22 200-31 600 B ;). *Resort* et spa écoresponsables et empreints de merveilleux à Kamala.

Sri Panwa (☎ 076 371000 ; www.sripanwa.com ; 88 Mu 8, Th Sakdidej ; avec petit-déj ste 13 700-24 000 B, villa 1 ch 21 300-31 000 B ; P ❄ 📶 🏊). Luxueux hôtel sur la spectaculaire Laem Phanwa.

Surin Phuket (☎ 076 316400 ; www.thesurinphuket.com ; 118 Mu 3 ; d avec petit-déj 11 000-40 000 B ; P ❄ 📶 🏊). Le summum des *resorts* de Surin avec vue sur la paisible Hat Pansea.

Anantara Phuket Layan (☎ 076 317200 ; www.anantara.com ; 168 Mu 6, Soi 4 ; avec petit-déj d 10 140-15 780 B, villa 1 ch 11 820-38 450 B ; P ❄ 📶 🏊). Villas avec piscine privée et baignoires en plein air sur Hat Layan.

Amanpuri Resort (☎ 076 324333 ; www.aman.com ; Hat Pansea ; villa 1 ch avec petit-déj 1 200-4 000 $US ; P ❄ 📶 🏊). Le plus prestigieux hôtel de Phuket.

Point Yamu by Como (☎ 076 360100 ; www.comohotels.com ; 225 Mu 7, Paklok, Laem Yamu ; d avec petit-déj 10 600-32 200 B ; P ❄ 📶 🏊). Un étonnant mélange d'influences thaïlandaises et de design italien, à Laem Yamu.

Arriver à Phuket

Depuis la France

Lors de nos recherches, un vol aller-retour Paris-Phuket coûtait au minimum 500 € en basse saison, avec une escale. Comptez au moins 15 heures de vol.

- Quelques compagnies : **Air France** (www.airfrance.fr), **Thai Airways** (www.thaiairways.com), **Qatar Airways** (www.qatarairways.com), **Etihad Airways** (www.etihad.com), **Emirates** (www.emirates.com), **Aeroflot** (www.aeroflot.ru).

Depuis la Belgique

Un aller-retour Bruxelles-Phuket avec escale commence à environ 570 € en basse saison. Brussels Airlines ne propose pas de vols pour Phuket. Les vols au départ de Bruxelles sont desservis par les mêmes compagnies que depuis Paris.

Depuis la Suisse

En réservant bien à l'avance, vous pourrez trouver des vols Genève-Phuket à partir de 500 FS, avec escales.

- Quelques compagnies : **Swiss Air** (www.swiss.com), **Air France** (www.airfrance.fr), **KLM** (www.klm.com), **Etihad Airways** (www.etihad.com), **Turkish Airlines** (www.turkishairlines.com/fr).

Depuis le Canada

Les premiers prix pour un aller-retour Montréal-Phuket, avec 2 escales, se situent autour de 1 100 $C. **Air Canada** (www.aircanada.ca), **Air France** (www.airfrance.fr), **KLM** (www.klm.com) et **Delta Airlines** (fr.delta.com) opèrent des vols entre les deux destinations.

Milieu marin et tourisme responsable

Difficile d'ignorer les ordures qui jonchent les plages de Phuket. La situation s'est néanmoins améliorée grâce à l'opération de nettoyage lancée en 2014. Sur la très touristique Coral Island, 75% des récifs coralliens ont été détruits au cours des 10 dernières années, d'où la mise en place de mesures d'urgence en 2017. À Ko Phi Phi Leh, la fameuse Ao Maya, victime du tourisme, a été interdite aux visiteurs en 2018 pour une durée indéterminée afin de permettre sa régénération.

Phuket produit en moyenne 850 tonnes de déchets par jour. Montrez-vous respectueux de l'environnement en jetant les vôtres dans une poubelle, en ramassant à l'occasion ceux des autres et en évitant d'utiliser bouteilles, sacs et pailles en plastique. Les actions pour le nettoyage des plages locales, comme celles que mène **Trash Hero Phuket** (www.facebook.com/TrashHeroPhuket), sont toujours à la recherche de volontaires. Lorsque vous nagez, plongez ou faites du snorkeling, ne touchez pas les coraux ou ne marchez pas dessus, et ne dérangez pas la vie marine.

Depuis l'aéroport

La plupart des visiteurs arrivent à l'**aéroport international de Phuket** (www.phuketairportthai.com), à 30 km au nord-ouest de Phuket-ville. La compagnie THAI dessert Bangkok (Suvarnabhumi). AirAsia, Nok Air et Bangkok Airways desservent toutes Bangkok, ainsi que des lignes intérieures. Parmi les vols internationaux, il existe des liaisons directes, notamment avec Hong Kong, Kuala Lumpur, Singapour, Beijing, Shanghai, Séoul, Delhi, Mumbai, Sydney et les États du Golfe.

Bus Une navette publique, orange vif, relie quotidiennement l'aéroport (www.airportbusphuket.com) et le **terminal des bus n°1** (Th Phang-Nga) (100 B, 1 heure). Elle part de l'aéroport environ toutes les heures de 8h à 20h30 et de Phuket-ville de 6h à 18h30.

Phuket Smart Bus (☎ 086 306 1257 ; www.phuketsmartbus.com ; 50-170 B). Ces bus relient l'aéroport et Rawai via les plages de la côte ouest.

Taxi Les taxis avec compteur attendent devant le hall d'arrivée international ; le tarif ne devrait pas dépasser 700 B.

Minibus Desserte des plages de la côte ouest (200 B).

Tha Rassada et Tha Bang Rong

○ Tha Rassada, à 3 km au sud-est de Phuket-ville, est le principal point d'embarquement pour Ko Phi Phi, Krabi, Ao

Nang, Ko Lanta, les îles Trang, Ko Lipe et même Pulau Langkawi, en Malaisie.

- D'autres bateaux à destination de Krabi et d'Ao Nang via les îles Ko Yao lèvent l'ancre de Tha Bang Rong, à 26 km au nord de Tha Rassada.

Terminal des bus n°2

- Les bus inter-États arrivent au **terminal des bus n°2** (Th Thepkrasattri), à 4 km au nord de Phuket-ville. Ils desservent notamment Bangkok, Chiang Mai, Chiang Rai, Hat Yai, Ko Samui, Ko Pha-Ngan et Surat Thani.

Terminal des bus n°1

- Les agences de voyages de Phuket vendent des billets pour un voyage en minibus climatisé (comprenant le billet de ferry), vers le sud de la Thaïlande, notamment Krabi, Ranong, Trang, Surat Thani, Ko Samui, Ko Pha-Ngan et Hat Yai. Les minibus sont un peu plus chers que les bus. Nombre d'entre eux partent du **terminal des bus n°1** (Th Phang-Nga) à Phuket-ville.

Comment circuler

Bateau

- Louer un *long-tail boat* ou un hors-bord est un moyen pratique pour visiter les îles avoisinantes, en particulier depuis Rawai.

Les taxis de Phuket

Malgré les mesures de répression prises contre la "mafia des taxis" par les militaires thaïlandais, les taxis de l'île continuent d'être hors de prix. Une course de 15 minutes, de Hat Karon à Hat Patong par exemple, vous reviendra à 400 B. Les tableaux affichant les tarifs maximum pour les trajets sur l'île sont rarement respectés.

Pour échapper à ces surfacturations, procurez-vous le numéro de téléphone d'un chauffeur de taxi avec compteur et faites appel à lui durant tout le séjour. Le plus simple est de prendre un taxi avec compteur à l'aéroport (c'est là qu'on les trouve le plus facilement) à votre arrivée. Le tarif est de 50 B pour les 2 premiers kilomètres, puis 12 B/km pour les 15 km suivants et ensuite 10 B/km, plus 100 B de "taxe d'aéroport".

Pour obtenir un taxi à Phuket, l'application Grab (www.grab.com) est très pratique. Ces taxis facturent au compteur en ajoutant une petite prise en charge, mais ils ne reviennent pas forcément moins cher que les taxis qu'on hèle dans la rue et les chauffeurs ne comprennent pas toujours l'anglais (votre hôtel ou logeur pourra vous aider).

Bus

- Lancés en 2018, les **Phuket Smart Bus** (☎086 306 1257 ; www.phuketsmartbus.com ; 50-170 B), bleu ciel, relient l'aéroport de Phuket et Rawai (2 heures) via Ao Bang Thao, Surin, Kamala, Patong, Karon et Kata. Ils circulent environ toutes les heures de 6h à 20h15.
- Le tarif varie entre 50 et 170 B. Il faut se munir d'une carte prépayée (300 B), qui s'achète à bord et se recharge à différents endroits de l'île.
- Le Smart Night Bus (150 B) circule toutes les heures de 21h à 2h entre Kamala et Kata via Patong et Karon.

Sŏrng·tăa·ou et túk-túk

- Des *sŏrng·tăa·ou* (camionnettes avec banquettes) circulent régulièrement entre Th Ranong à Phuket-ville et la plupart des plages (30-40 B, de 30 min à 1 heure 30), entre 7h et 17h ou 18h.
- Vous pouvez aussi circuler en *túk-túk*.

Voiture et moto

- Sur l'île, la location de moto coûte environ 250 B/jour.
- On trouve facilement des voitures à louer, notamment à l'aéroport et à Phuket-ville (à partir d'environ 1 000 B/jour). Parmi les loueurs fiables, citons **Andaman Car Rent** (☎076 621600 ; www.andamancarrent.com ; 112/12 Mu 3 ; ⌚9h-19h), **Avis** (☎089 969 8674 ; www.avis.com ; aéroport international de Phuket ; ⌚7h-minuit), **Hertz** (☎076 328545 ; www.hertz.com ; aéroport international de Phuket ; ⌚24h/24) et **Pure Car Rent** (☎076 211002 ; www.purecarrent.com ; 73 Th Rassada ; ⌚9h-19h).

Infos pratiques

Argent

L'unité monétaire est le baht thaïlandais (B). Dans le pays, la plupart des transactions s'effectuent uniquement en argent liquide. Certaines cartes bancaires sont acceptées dans les établissements haut de gamme.

DAB

- Avec une carte bancaire émise par une banque de votre pays, vous pourrez retirer de l'argent (en bahts uniquement) dans les distributeurs automatiques de Phuket.
- La plupart des DAB autorisent un retrait maximum de 20 000 B par jour et débitent des frais de 200 B par retrait pour toute transaction internationale.

Pourboire

- Le pourboire n'est pas une pratique courante en Thaïlande, mais il est apprécié. Lorsqu'on règle une addition au restaurant, on laisse généralement la menue monnaie. Les restaurants d'hôtels et d'établissements haut de gamme majorent souvent la note de 10% pour le pourboire.

Électricité

Type A
220 V/50 Hz

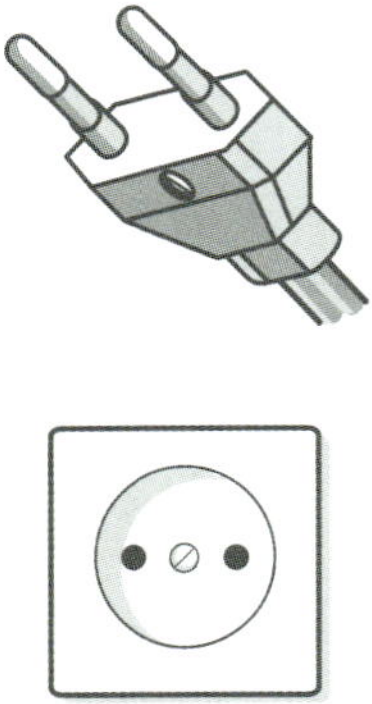

Type C
220 V/50 Hz

Heures d'ouverture

Banques et administrations sont fermées les jours fériés. Certains bars et clubs ferment durant les élections et lors de certaines fêtes religieuses où la vente d'alcool est interdite.

Banques 8h30-16h30 ; DAB 24h/24

Bars 18h-minuit ou 1h ; **discothèques** 20h-2h

Administrations 8h30-16h30 lun-ven ; parfois fermé au déj

Restaurants 8h-22h

Commerces 10h-19h

Handicapés

Phuket (comme souvent la Thaïlande) tient du parcours d'obstacle pour les handicapés avec ses hauts trottoirs au revêtement inégal, la circulation incessante, l'absence de rampes ou autres points d'accès pour les fauteuils roulants. Cela dit, certains hôtels de catégorie supérieure s'efforcent de réaliser les aménagements nécessaires aux personnes handicapées. Dans certains hôtels haut de gamme, le personnel nombreux permet de pallier l'absence d'installations appropriées. Pour le reste, il faudra vous débrouiller par vous-même, aussi est-il important de bien vous organiser à l'avance.

- Fondée par une équipe qui a une expérience personnelle du handicap, l'agence Phuket Access Travel (www.phuketaccesstravel.com) propose des transports en fauteuil roulant, des fauteuils roulants pour la plage, des recommandations d'hébergements et des circuits adaptés (notamment au Grand Bouddha, à Hat Nai Han et à Laem Phromthep).

- Vous trouverez aussi des recommandations d'hôtels sur le site Disabled Holidays (www.disabledholidays.com) qui a très bonne réputation.

- Vous pouvez aussi télécharger les guides gratuits Accessible Travel (en anglais) de Lonely Planet sur le site http://lptravel.to/AccessibleTravel.

La détresse des éléphants de Phuket

Le type de rencontres proposées avec les éléphants de Phuket (balades sur leur dos, séances photo, "démonstrations" de cirque) induit des problèmes complexes de maltraitance.

La capture et le commerce illégaux destinés à alimenter l'industrie touristique représentent des menaces majeures pour la population toujours plus clairsemée d'éléphants sauvages en Thaïlande. On estime qu'il en reste moins de 1 800 à l'état sauvage ; 3 000 à 4 000 autres sont "domestiqués". Nombre d'éléphants à peine capturés ou nés en captivité sont dressés avec brutalité et subissent des sévices répétés afin d'être soumis et obéissants. Phuket compte 235 éléphants "en activité" officiellement recensés, la plupart "travaillant" dans des camps.

La marche ne leur est pas néfaste en soi, mais surcharger leur colonne vertébrale l'est bel et bien. Selon les experts, un éléphant adulte peut transporter 150 kg à la fois, et ce jusqu'à 4 heures par jour ; des limites souvent dépassées. Nombre de spécialistes affirment qu'il faudrait bannir les promenades à dos d'éléphant, les animaux étant brutalisés pour leur "apprendre" à porter les promeneurs. Quant à la séance de baignade, la pratique n'est pas naturelle.

Si le boycott des camps d'éléphants semble une solution évidente, la situation est plus complexe. Les *mahouts* (cornacs) affirment que, sans demande touristique, ils seront privés de moyens de subsistance pour eux et leurs bêtes. Ce problème est accentué par l'incapacité actuelle des rares sanctuaires thaïlandais qui accueillent tous les *mahouts* du pays et leurs pachydermes.

Heureusement, Phuket (et la Thaïlande) connaît une demande de plus en plus forte d'interactions plus responsables avec ses éléphants, comme le propose le **sanctuaire des éléphants de Phuket** (p. 131 ; en lien avec le très respecté parc naturel des Éléphants de Chiang Mai). À Phuket, certains centres se tournent vers ce modèle pour trouver un équilibre entre les besoins des éléphants, ceux des *mahouts* et le désir des touristes. D'autres surfent sur la tendance "sanctuaire", sans aucune avancée dans la protection des animaux. Évitez les centres qui proposent spectacles, trekking et autres activités non naturelles, ceux qui manquent d'eau, d'ombre ou de nourriture et ceux où l'on utilise chaînes ou *bull-hooks* (marteau à pointe) pour frapper l'animal.

Sous la pression internationale, la Thaïlande s'efforce d'améliorer les conditions de vie des éléphants domestiques et de lutter contre le trafic à la frontière du Myanmar. Depuis 2016, tous les éléphants domestiques doivent être enregistrés sur une base de données dans les 90 jours suivant leur naissance – afin d'éviter l'introduction illégale d'éléphants nouvellement capturés dans les camps thaïlandais.

Le braconnage des gibbons

Le braconnage des gibbons est un sérieux problème à Phuket. Et le tourisme y a sa part quand on voit ces gibbons capturés pour aller parader autour des bars et des plages. Le dernier gibbon à mains blanches sauvage de l'île a été braconné au début des années 1980. N'encouragez pas cette pratique : refusez de vous faire photographier avec des gibbons captifs et soutenez le **Centre de réadaptation pour les gibbons de Phuket** (p. 129).

Homosexualité

La société thaïlandaise se montre relativement tolérante envers l'homosexualité masculine ou féminine. La scène LGBT+ est bien représentée à Bangkok, à Pattaya et à Phuket. La plus importante **Pride Week** (www.phuket-pride.org) de Thaïlande se déroule chaque année à Phuket en avril.

Les tenues vestimentaires et les comportements suscitent rarement des commentaires. En revanche, les démonstrations d'affection en public, homo ou hétéro, sont mal vues.

Les sites de Utopia (www.utopia-asia.com) et Gay Patong (www.gaypatong.com) sont deux sources d'informations utiles aux voyageurs homosexuels. Le Royal Paradise Complex de Patong est le haut lieu de la scène homosexuelle de Phuket (à dominante masculine).

Jours fériés

Administrations et banques sont fermées les jours fériés ci-dessous. Pour connaître les dates précises des fêtes qui varient en fonction du calendrier lunaire, voir la rubrique "Événements et festivals" sur le site du Tourism Authority of Thailand (https://fr.tourismthailand.org/Events-and-Festivals).

1er janvier Nouvel An

Février (dates variables) Makha Bucha, fête religieuse bouddhiste

6 avril Jour des Chakri, en l'honneur du fondateur de la dynastie Chakri, Rama Ier

13-15 avril Fête de Songkran

1er mai Fête du Travail

5 mai Jour du Couronnement

Mai/juin (dates variables) Visakha Bucha, fête religieuse bouddhiste

28 juillet Anniversaire du roi Maha Vajiralongkorn

Juillet/août (dates variables) Asanha Bucha, fête religieuse bouddhiste

12 août Anniversaire de la reine Sirikit/fête des Mères

23 octobre Fête de Chulalongkorn

5 décembre Fête en souvenir du défunt roi Bhumibol/fête des Pères

10 décembre Jour de la Constitution

31 décembre Réveillon du jour de l'An

Offices du tourisme

Vous trouverez des offices du tourisme à Phuket-ville.

Tourism Authority of Thailand (TAT ; ☎ 076 211036 ; www.tourismthailand.org/Phuket ; 191 Th Thalang ; ⏲ 8h30-16h30)

Tourist Information Centre (Th Thalang ; ⏲ 9h-22h)

La TAT possède plusieurs bureaux à l'étranger, dont ceux de l'**office national du tourisme de Thaïlande en France** (☎ 01 53 53 47 00 ; www.tourismethaifr.com ; 90 av. des Champs-Élysées, 75008 PARIS) et un **représentant en Belgique** (☎ 32 (0)468 17 28 46 ; kris@konsultra.be ; KonsulTra bvba, Heuvel 109, B-9320 Erembodegem).

Sécurité en voyage

- Les routes de Phuket font chaque année des milliers de tués et de blessés.
- Faites particulièrement attention sur les routes de Patong à Karon et de Kata à Rawai/Hat Nai Han : on nous a rapporté des histoires d'agressions au couteau par des motards, tard dans la nuit.
- Il est très mal vu pour une femme de prendre un bain de soleil les seins nus.
- On déplore chaque année des noyades sur les plages au large de Phuket ; soyez prudent (voir ci-contre).
- La possession de drogue peut vous valoir un an de prison ou plus. Le trafic de drogue entraîne des sanctions très lourdes, allant jusqu'à la peine capitale.
- Les escroqueries au Jet-Ski (p. 62) sont une plaie à Phuket ; méfiez-vous avant d'en louer.
- Les accidents de bateau ne sont pas rares ; assurez-vous que votre bateau possède un équipement de sécurité/urgence ; en cas de doute, changez de prestataire.

Médias de Phuket

Blogs Trois bons blogs en anglais sur Phuket : Jamie's Phuket (www.jamiesphuketblog.com), Phuket 101 (www.phuket101.net) et Go Phuket (www.gophuket.net).

Presse Journaux locaux en anglais : *The Phuket News* (www.thephuketnews.com) et *The Thaiger* (www.thethaiger.com). Parmi la presse nationale, citons le *Bangkok Post* (www.bangkokpost.com), le *Nation* (www.nationmultimedia.com), plus axé sur l'économie, et le *KhaoSod English* (www.khaosodenglish.com), organe en anglais du grand quotidien thaïlandais.

Sécurité sur les plages

- Durant la mousson (mai-octobre), la puissance des vagues et des courants peut rendre la baignade dangereuse. On déplore chaque année des dizaines de noyés sur les plages de Phuket, en particulier à Laem Singh, Kamala, Karon et Patong. Attention aux drapeaux rouges qui signalent les courants d'arrachement.

- À toute époque de l'année, quand vous nagez, surveillez d'un œil les Jet-Ski et les *long-tail boats* ; ils ne vous voient pas !

Tabac

- Il est interdit de fumer dans les bars et restaurants depuis 2008, et sur certaines plages (Patong) depuis 2018.

Téléphone

- L'indicatif de la Thaïlande est le 66 (pour les appels depuis l'étranger).
- Tous les numéros thaïlandais commencent par 0 pour les appels intérieurs (le 0 est omis pour les appels depuis l'étranger). Après le 0 initial, les deux chiffres qui suivent correspondent à l'indicatif régional, qui fait partie intégrante du numéro. L'indicatif de la région de Phuket est le 76.
- Si le 0 initial est suivi d'un 6, d'un 8 ou d'un 9, le numéro que vous appelez est un portable.

Téléphones portables

Le plus simple est de se procurer un téléphone portable équipé d'une carte SIM locale. On trouve facilement à acheter des cartes SIM prépayées, qui incluent

Us et coutumes

Les Thaïlandais se montrent dans l'ensemble très tolérants et accueillants, mais il est important de respecter certains tabous et conventions culturelles (même dans les endroits touristiques comme Phuket).

Monarchie Manquer de respect à la famille royale est considéré comme un crime de lèse-majesté : traitez avec respect les objets portant l'image du roi (comme la monnaie).

Temples Portez des vêtements couvrant genoux et bras. Déchaussez-vous avant d'entrer. Asseyez-vous les jambes repliées vers l'arrière afin que vos pieds ne soient pas face à l'image du Bouddha. Les femmes ne doivent jamais toucher un moine ou ses biens ; reculez-vous à leur approche et ne vous asseyez pas à côté d'eux.

Pudeur À la plage, ne vous dénudez pas en public et ne prenez pas de bain de soleil les seins nus. Couvrez-vous pour aller à la plage et en revenir.

Langage corporel Évitez de toucher quiconque sur la tête (partie la plus haute et la plus sacrée du corps) et faites attention à la direction dans laquelle vous pointez vos pieds (partie la plus basse et la plus sale).

Sauver la face Souriez pour mettre les Thaïlandais à l'aise ; discussion et colère leur font perdre la face.

un numéro d'appel et une réserve de données, ainsi que des cartes-recharges.

Toilettes

Les toilettes à l'occidentale (au lieu des toilettes à la turque) sont de plus en plus répandues dans les zones touristiques comme Phuket. Il peut arriver qu'une poubelle soit prévue pour recueillir le papier toilette.

Urgences

Indicatif de la Thaïlande	✆66
Codes d'accès internationaux	✆001, ✆007, ✆008, ✆009 (et autres codes promotionnels)
Appels internationaux en passant par un opérateur	✆100
Urgences	✆191
Police touristique	✆1155

Visas

- La plupart des ressortissants des pays occidentaux (dont la France, la Belgique, la Suisse et le Canada) qui arrivent en Thaïlande par voie aérienne bénéficient d'une exemption de visa. Ils obtiennent un visa touristique gratuit de 30 jours à l'arrivée, à condition d'être en possession d'un passeport valable plus de 6 mois. En théorie, ils devront également avoir un billet de retour et suffisamment d'argent pour le séjour. En pratique, les services de l'immigration procèdent rarement à des contrôles.
- Français, Belges, Suisses et Canadiens sont également autorisés à entrer par voie terrestre en Thaïlande avec une exemption de visa pour un séjour de 30 jours uniquement 2 fois par année calendaire.
- Pour un séjour de plus de 30 jours, il faut se procurer un visa touristique, donnant droit à un séjour de 60 jours à partir de la date d'arrivée en Thaïlande. Renseignez-vous auprès de l'ambassade de Thaïlande de votre pays d'origine.
- En France, l'**Ambassade Royale de Thaïlande** (✆01 5626 5050 ; www.thaiembassy.fr/fr ; 8 rue Greuze, 75116 Paris) a mis en place le système du E-Visa (ou Visa électronique) qui implique de faire sa demande en ligne sur : thaievisa.go.th.
- Le **ministère des Affaires étrangères** (✆02 203 5000 ; www.mfa.go.th) supervise les questions d'immigration et la délivrance des visas. Pour vous informer sur l'actualité, consultez le site Thaivisa (fr.thaivisa.com).

Langue

En thaï, la signification d'une simple syllabe peut changer selon le ton. La langue standard en comprend cinq : le ton grave (ex : *bàht*), le ton médian (ex : *di*), le ton descendant (ex : *mâi*), le ton aigu (ex : *máh*) et le ton ascendant (ex : *săhm*). La hauteur de chaque ton dépend du registre de voix du locuteur : il n'y a pas de "diapason" fixe, intrinsèque à la langue.

En lisant nos transcriptions avec la prononciation française, vous devriez parvenir à vous faire comprendre. Des traits d'union séparent les syllabes. À l'intérieur d'une syllabe comportant une diphtongue, des points divisent les voyelles (ex : *mêu·a-rai*). Notez que **ъ** correspond à un "p" dur proche du "b" et **đ** à un "t" dur semblable à un "d".

Pour mieux communiquer durant votre voyage, procurez-vous le *Guide de conversation Thaï* de Lonely Planet.

Civilités et expressions de base

Bonjour	สวัสดี	*sà-wàt-di*
Au revoir	ลาก่อน	*lah gòrn*
Oui/Non	ใช่/ไม่	*châi/mâi*
S'il vous plaît	ขอ	*kŏr*
Merci	ขอบคุณ	*kòrp kun*
Excusez-moi	ขออภัย	*kŏr à-pai*
Désolé(e)	ขอโทษ	*kŏr tôht*

Comment allez-vous ?
สบายดีไหม *sà-bai di măi*

Je vais bien. Et vous ?
สบายดีครับ/ค่ะ แล้วคุณล่ะ *sà-bai di kráp/ kâ láa·ou kun lâ* (m/f)

Parlez-vous anglais ?
คุณพูดภาษาอังกฤษได้ไหม *kun pôot pah-săh ang-grìt dâi măi*

Je ne comprends pas
ผม/ดิฉันไม่เข้าใจ *pŏm/dì-chăn mâi kôw jai* (m/f)

Se restaurer et prendre un verre

Je voudrais (le menu), s'il vous plaît.
ขอ (รายการอาหาร) หน่อย *kŏr (rai gahn ah-hăhn) nòy*

Je ne mange pas de (d')...
ผม/ดิฉันไม่กิน ... *pŏm/dì-chăn mâi gin ...* (m/f)

œufs	ไข่	*kài*
noix	ถั่ว	*tòo·a*
viande rouge	เนื้อแดง	*néu·a daang*

C'était délicieux !
อร่อยมาก *à-ròy mâhk*

Santé !
ไชโย *chai-yoh*

L'addition, s'il vous plaît.
ขอบิลหน่อย *kŏr bin nòy*

Achats

Je voudrais acheter...

อยากจะซื้อ ...	*yàhk jà séu ...*

Combien ça coûte ?

เท่าไร	*tôw-rai*

C'est trop cher.

แพงไป	*paang ɓai*

Pouvez-vous baisser le prix ?

ลดราคาได้ไหม	*lót rah-kah dâi măi*

Urgences

Au secours !

ช่วยด้วย	*chôo·ay dôo·ay*

Allez-vous-en !

ไปให้พ้น	*ɓai hâi pón*

Appelez un médecin !

เรียกหมอหน่อย	*rêe·ak mŏr nòy*

Appelez la police !

เรียกตำรวจหน่อย	*rêe·ak đam·ròo·at nòy*

Je suis malade.

ผม/ดิฉัน ป่วย	*pŏm/dì-chăn ɓòo·ay (m/f)*

Je suis perdu.

ผม/ดิฉัน หลงทาง	*pŏm/dì-chăn lŏng tahng (m/f)*

Où se trouvent les toilettes ?

ห้องน้ำอยู่ที่ไหน	*hôrng nám yòo têe năi*

Temps et nombres

matin	เช้า	*chów*
après-midi	บ่าย	*bài*
soir	เย็น	*yen*
hier	เมื่อวาน	*mêu·a wahn*
aujourd'hui	วันนี้	*wan née*
demain	พรุ่งนี้	*prûng née*

Quelle heure est-il ?

กี่โมงแล้ว	*gèe mohng láa·ou*

1	หนึ่ง	*nèung*
2	สอง	*sŏrng*
3	สาม	*săhm*
4	สี่	*sèe*
5	ห้า	*hâh*
6	หก	*hòk*
7	เจ็ด	*jèt*
8	แปด	*ɓàat*
9	เก้า	*gôw*
10	สิบ	*sìp*

Transports et directions

Où se trouve... ?

... อยู่ที่ไหน	*... yòo têe năi*

Quelle est l'adresse ?

ที่อยู่คืออะไร	*têe yòo keu à-rai*

Pouvez-vous me l'indiquer (sur la carte) ?

ให้ดู (ในแผนที่) ได้ไหม	*hâi dou (nai păan têe) dâi măi*

À quelle heure est le premier bus ?

รถเมล์คันแรก มาเมื่อไร	*rót mair kan râak mah mêu·a rai*

Un billet (aller simple/aller-retour), s'il vous plaît.

ขอตั๋ว (เที่ยว เดียว/ไปกลับ).	*kŏr đŏo·a (têe·o di·o/ɓai glàp)*

S'arrête-t-il à... ?

รถจอดที่ ... ไหม	*rót jòrt têe ... măi*

Je voudrais descendre à...

ขอลงที่ ...	*kŏr long têe ...*

En coulisses

Vos réactions ?

Vos commentaires nous sont très précieux pour améliorer nos guides. Notre équipe lit vos lettres avec la plus grande attention et prend en compte vos remarques pour les prochaines mises à jour. Pour nous faire part de vos réactions, prendre connaissance de notre catalogue et vous abonner à notre newsletter, consultez notre site Internet :
www.lonelyplanet.fr

Nous reprenons parfois des extraits de notre courrier pour les publier dans nos guides ou sites web. Si vous ne souhaitez pas que vos commentaires soient repris ou que votre nom apparaisse, merci de nous le préciser. Notre politique en matière de confidentialité est disponible sur notre site Internet.

Un mot de l'auteur

Un énorme *kòrp kun ka* à Tash Eldred, Noi Tammasak, Louis Kettle, Meri Hoffsten, Alessandro Frau, Natt Suttichada, Lee Cobaj, Pimkan Kongsanoon, Ashley Niedringhaus, Wiwan Bumrungwong, Amy Bensema, Jamie Monk et Charly Hegret pour toutes leurs infos sur Phuket. Merci également à Jack, Paps, Dan, Sarah, Andrew, ainsi qu'à mes merveilleux amis écrivains.

Remerciements

Photographie de couverture : *Long-tail boat* sur une plage de la côte d'Andaman, Kittikorn Nimitpara/Getty©

À propos de cet ouvrage

Cette 2e édition du guide *Phuket en quelques jours* est une traduction-adaptation de la 5e édition du *Pocket Phuket* mise à jour par Isabella Noble.

Traduction Pierre-Yves Raoult et Thérèse de Cherisey

Direction éditoriale Didier Férat

Adaptation française Cécile Bertolissio

Responsable prépresse Jean-Noël Doan

Maquette Caroline Donadieu

Cartographie Cartes originales de Diana Von Holdt et Mark Griffiths, adaptées en français par Caroline Sahanouk

Couverture Couverture originale de Meri Blazevski, adaptée en français par Laure Wilmot

Merci à Marjorie Bensaada pour sa relecture attentive, à Olympe Richez pour la comparaison des textes et à Dominique Spaety pour son aide précieuse.

Index

Voir aussi les index :

Se restaurer p. 165
Prendre un verre p. 166
Sortir p. 166
Shopping p. 166

Référence des **Sites**
Référence des **Cartes**

Référence des **Sites**
Référence des **Cartes**

Se restaurer

Référence des **Sites**
Référence des **Cartes**

L'auteure

Isabella Noble

Anglo-australienne sur le papier, mais espagnole de cœur, Isabella a fait son premier tour du monde à l'âge d'un an et ne cesse depuis de sillonner la planète. Elle a grandi dans un petit village andalou tout blanc, puis elle est devenue journaliste de voyages, ce qui l'a poussé à tout naturellement se spécialiser sur l'Espagne. Elle écrit aussi sur la Thaïlande, l'Inde et la Grande-Bretagne pour Lonely Planet, le *Daily Telegraph* et d'autres publications. Isabella a aussi contribué aux guides Lonely Planet *Thaïlande*, *Îles et plages de Thaïlande*, *Asie du Sud-Est*, *Inde*, *Inde du Sud*, *Grande-Bretagne* et bien sûr *Espagne* et *Andalousie*. Retrouvez Isabella sur Twitter et Instagram (@isabellamnoble).

Phuket en quelques jours
2e édition
Traduit et adapté de l'ouvrage *Pocket Phuket, 5th edition, July 2019*

Dépôt légal Octobre 2019
ISBN 978-2-81617-960-6

Imprimé par L.E.G.O. Spa (Legatoria Editoriale Giovanni Olivotto), Italie

En Voyage Éditions | un département édi8